중화동에
살고
있습니다

KB066379

중화동에 살고 있습니다
중화2동 노인 8인의 구술생애사

2022년 12월 1일 인쇄
2022년 12월 15일 발행

지은이   중랑구술생애사기록팀
펴낸이   윤이주
디자인   소현우
펴낸곳   도서출판 무늬
등록번호   제450-25100201700002호
등록주소   충남 공주시 교당길 21-13 (산성동)
전화   041-881-2595
홈페이지   http://cafe. daum. net/muneui
전자우편   muneui@hanmail. net

ISBN 979-11-980397-1-2 03330
값 15,000원

중화동에
살고
있습니다

중화2동 노인 8인의 구술생애사

중랑구술생애사기록팀 지음

M

무늬

차례

돌봄 공동체를 위한 실천들

최현숙 구술생애사 작가

　이번 중랑구 노인 구술생애사 작업은 여러 면에서 각별한 역사와 목표가 있다. 2005년부터 중랑구에서 지역을 기반으로 활동해 온 풀뿌리 여성단체 '초록상상'이 2016년부터 지역의 여러 단체들과 함께 중랑건강공동체를 꾸려 지역(주민)의 건강문제를 논의하고 활동해 온 역사가 있고, 이를 기반으로 2020년 정식 출범한 '중랑건강공동체'가 지역에 사는 노인들을 더 깊게 만나 그들과 함께 '지역 기반 돌봄 공동체'를 만드는 것을 목표로 노인 구술생애사 집단작업을 진행했다는 점이다.

　특히 2019년 말에 시작해 현재까지 이어지고 있는 전 지구적 코로나19 팬데믹(pandemic)과 올해 2022년 여름 기후 재앙 폭우를 거치면서, 마을 안에서 홀로 사는 노인들과 '서로 돌봄 관계와 공동체'를 만드는 과정 중 하나로 지역 여성들이 지역 노인들의 구술생애사를 진행한 것은, 노인 생애사 작업의 중요한 쓸모이자 생태위기를 맞아 온갖 담론과 선언으로 모색되고 있는 '돌봄 사회로의 전환(轉換)'이 어디에서 누구와 함께 시작되고 추구되어야 하는가에 관한 중요한 사례라 하겠다.

주인공들의 구술에는 여타의 노인 생애사 작업에서 보이는 구구절절하고 각별한 생애 내력뿐 아니라, 코로나19와 기후재앙 상황에서 취약계층인 가난한 노인 입장에서 어떤 변화와 어려움들이 있었는지도 잘 드러나고 있다. 나아가 마을 노인들이 가족을 넘어 이웃과 지역사회와 복지와 정치에 원하는 것이 무엇인지, 자신들의 일상에서 시작된 구체적 요구들도 잘 구술 정리되어 있다. 나는 2021년 11월 '노인에 대한 이해와 태도'에 관한 강의와 토론에서 시작해, 2022년에는 구술생애사 작업 교육과 글쓰기 과정 전반에 비교적 세세하게 참여할 수 있었다.

오랜 기간 가족 내 여성들에게 주로 떠맡겨졌던 노인 돌봄이, 2008년부터 전국적으로 시행된 노인장기요양제도를 기점으로 자본주의 시장에 내던져져 있는 현실이다. 이런 상황에서 혈연과 돈의 관계를 넘어 동네 노인을 중심으로 '지역 돌봄 공동체'를 만들고자 하는 중랑구 여성들의 실천이야말로 더없이 소중하고 절실한 전환의 쐐기라 하겠다. 작업 과정에서 확인한 노인 개개인들의 생애 맥락과 '지금 여기'의 처지와 구체적 필요에서 시작해, 이웃간 상호 돌봄 공동체를 위한 실천들이 지역 안과 밖에서 찬찬히 다져지고 확장되기를 기대한다.

복지 현장의 생생한 목소리

류경기 중랑구청장

우리 중화2동 어르신들의 구술생애사 책자 발행을 축하드립니다.

작업을 위해 애써주신 중랑건강공동체의 모든 구성원들과 중랑구술생애사기록팀 및 관계자 여러분들에게 깊이 감사드립니다. 어르신이 계신 현장으로 먼저 다가가 주시고, 현장의 목소리를 생생한 기록으로 남겨 주셔서 감사합니다.

한 세대가 평생에 걸쳐 습득한 삶의 지혜는 사회 공동의 자산과 다름없습니다. 우리는 어르신의 소중한 삶의 지혜를 다음 세대에 전승하기 위해 노력하고 있습니다. 우리 모두는 언젠가 노인이 되고, 다른 사람의 도움을 받는 상황에 놓일 수 있기에 공동체가 어르신 복지정책에 힘쓰는 것은 결국 우리 자신의 미래를 위한 일이라고 생각합니다.

중랑구의 65세 이상 어르신은 약 7만4천 분이며 그중 1인 가구가 약 2만 분 계십니다. 중랑구는 이분들이 사회의 일원으로 활동할 수 있도록 어르신 일자리를 늘려가고 있으며 경로당 지원, 독거 어르신 안전 건강솔루션 등 다양한 복지 정책을 펼치고 있습니다. 어르신이 중랑 공동체의 일원으로 편안하게 살아가실 수 있도록 맞춤형 복지, 찾아가는 복지에 애써 주시는 16개동 복지통장님과 봉사단체, 복지 관계자님, 마을활동가 분들의 노고에 깊이 감사드립니다.

복지 현장에 계신 각 분야의 목소리에 귀를 기울이고, 민관거버넌스를 구축하여 좀 더 촘촘한 복지 안전망을 구축해 나가는 데 함께하겠습니다.

어르신들의 과거와 현재, 미래가 담긴 소중한 기록을 많은 분들에게 추천드립니다. 코로나19의 여파 등 어르신의 삶의 모습을 생생하게 들여다볼 수 있는 좋은 자료라 생각합니다. 무더위와 코로나19의 악조건 속에서 귀한 기록물을 남겨 주신 노력에 다시 한 번 진심으로 감사드리며, 이 작업을 계기로 더 많은 분들이 어르신과 소통하기를 기대합니다. 함께 안전한 노후를 보낼 수 있는 중랑구를 위해 지혜를 모으겠습니다.

감사합니다.

나이듦, 그 행복한 시간을 위해

장이정수 중랑마을넷 상임이사

우리나라는 올해 65세 이상 고령인구가 17.5%이며 노인 다섯 명 중 한 명이 혼자 살고 있다. 3년 뒤에는 초고령사회에 접어들 것으로 전망하고 있다. 이런 추세는 세계에서 가장 빠른 속도라고 한다. 우려되는 것은 66세 이상 은퇴 연령층의 상대적 빈곤율(중위소득 50% 이하)이 43.2%로, OECD 가입국 중 가장 높고 노인자살률도 세계 1위라는 점이다. 2020년 전체 고령자의 53.1%가 공적연금을 받지만 여성노인은 38.2%로, 남자노인 72.6%의 절반에 불과하다.[1] 노인세대 내의 차이와 불평등이 커지는 상황이다.

그러나 고령사회가 우리에게 암울하기만 한 것일까. 장수는 인류의 오랜 꿈이고 기쁜 일이다. 차별과 불평등을 줄일수 있다면 초고령사회는 오히려 성숙한 사회를 가져올 수 있다. 개발과 성장 중심의 근대적 사고를 벗어나 돌봄과 문

---

1) 통계청, 『2022 고령자 통계』

화의 시대, 자연과 지역을 보살피는 새로운 사회로의 전환을 촉진할 수도 있다. 나이듦을 자연스럽게 받아들이고 돌봄을 가장 중요한 가치로 생각하는 고령사회는 우리에게 새로운 기회이자 미래가 될 것이다. 나이듦은 충분히 행복한 시간이 될 것이다.

마을활동가들이 지역의 노인문제를 고민하게 된 것은 2016년으로 거슬러 올라간다. 보건복지부 일차의료 시범사업 '동행'을 통해 중랑구의사회와 만나게 되었다. '동행'은 고혈압·당뇨 등의 만성질환을 지역의 일차의료기관이 식습관과 운동 등으로 개선하고자 진행한 사업이다. 중랑구의사회가 이에 적극적으로 참여하였다. 당시 우리나라의 지역별 소득별 건강격차는 매우 충격적이었다. 기대수명은 꾸준히 늘었지만 지역별로 78.9세부터 86.3세까지 7.4년의 격차를 보이고, 건강수명은 지역과 소득별로 61.1세부터 74.8세까지 13.7년의 격차가 났다.[2] 15세 이상 인구 중에서 본인이 건강하다고 생각하는 주관적 건강상태 역시 32%(2018년 기준)로, OECD 가입국 중 가장 낮았다.[3] 녹색병원과 중랑구의사회, 초록상상과 중랑마을넷은 예방 중심의 일차의료와 주치의 제도의 중요성 및 지역사회 건강공동체에 대해 논의하기 시작했다. 이후 중랑건강네트워크를 만들어 커뮤니티케어를

---

2) 박진욱, 「지역 건강불평등 현황」, 『보건복지포럼』(통권 제260호), 한국보건사회연구원, 2018.

3) <제5차 국민건강증진종합계획>(2021. 1. 27), 관계부처 합동

학습하고 소통하는 시간을 가졌고 2020년에는 의료, 복지, 마을, 재가 분야의 협력을 다지며 중랑건강공동체를 창립하였다. 중랑건강공동체는 민관거버넌스로 건강위원회와 통합돌봄시스템을 요구하였고 주민자치회에 건강돌봄분과를 제안하였다.

구술생애사 작업은 소생활권 건강생태계 사업을 통해 주민들의 돌봄 역량을 키우고 '건강리더'를 양성한 '초록상상'에서 기획하였다. '구술생애사의 실제' 강좌는 '건강-복지-마을 민관 협력을 통한 건강한 중랑 만들기'를 위한 '지역사회 혁신계획' 사업의 하나로 진행되었다. 우리는 서로돌봄과 공동체성을 통해 건강을 유지할 수 있다고 판단했고, 구술작업을 통해 말하는 이와 듣는 이를 연결하고 서로에게 힘이 되어주는 존재가 될 수 있다고 생각했다. 그래서 노인과 함께하는 프로그램에 앞서 먼저 지역 노인들의 삶 자체를 들여다보고 싶었다. 어떤 삶을 살아왔고 현재 어떻게 살고 있으며 공적 지원의 내용은 무엇이고 지역에서 살기 위해 무엇이 더 필요한지 제대로 살펴본 적이 없다는 생각이 들었기 때문이다. 우리는 지역에서 여름이면 삼계탕, 겨울이면 김장을 전달하면서 돌봄을 하고 있다고 스스로 만족하고 있지는 않았는지 되돌아보았다. 그동안 지역사회 통합돌봄이라는 큰 좌표는 있었으나 망망대해를 표류하는 느낌이었다. 그래서 구술생애사를 통해 먼저 노인의 삶에 대해 알아보기로 하였다. 구술생애사 강좌엔 30여 명이, 이후 실제 구술생애사 작업엔 16명의 여성들이 참여하였다. 우리는 중랑마을 구술생애사의 첫걸음으로 중화2동을 선택했다.

중화2동은 중랑구 16개 동(洞)에서 평균연령이 47세로 고령자 비율이 가장 높은 지역이다. 2022년 9월 기준으로 24,579명이 살고 있고, 65세 이상은 무려 5,122명으로 초고령 지역이다. 75세 이상도 2,050명이다. 이 숫자는 해마다 200명 이상씩 늘어날 예정이다. 중화2동주민센터 복지1팀 6명과 복지2팀 8명이 모두 노인복지 업무만 한다고 해도 1인당 365명을 맡아야 하는 셈이다. 복지 사각지대가 생기는 가장 중요한 원인이 주민들이 지원정책을 잘 모른다는 조사 결과가 있다. 이러한 지원제도를 주민들에게 알려주는 역할을 하는 이들이 주로 동네 통장이다. 통장은 중화2동에 44명이 있다. 통장 한 명이 만나야 하는 65세 이상 주민은 116명이다. 주민자치위원회, 행복나누리협의체, 새마을협의회부녀회, 우리동네돌봄단 등 지역 주민조직은 상시적 돌봄의 주체도 아니고 동별 활동의 편차도 크다. 현장에서는 30% 정도가 복지 사각지대일 거라고 추측하고 있다. 앞으로 더욱 복지관과 행정, 재가장기요양기관, 의료 그리고 주민들이 서로 긴밀하게 협력하고 소통해야 할 것이다.

우리는 중화2동에서 혼자 사는 여성 5명, 남성 3명을 섭외하였고 무더운 7월과 8월에 두세 차례에 걸쳐 방문하여 이야기를 들었다. 여성 5명 중 2명은 봉제노동을 했고, 남성 3명은 모두 건설 분야에서 일했다. 연령은 만68세부터 89세까지 20여 년의 차이가 났고 태어난 곳도 순천, 대전, 영동, 교토, 안성, 인천 등 다양했다. 노인 세대 내부의 차이도 상당히 컸다. 우리는 이들과의 만남을 통해 기초수급자와 독거라는 시선으로 한 인간을 본다는 것이 얼마나 폭력적인지 알 수 있었다. 혼자 사는 모습도 다양하고 과거에 대한 기억과 미래에 대한 기대, 그것으로 인한 삶의 결이 모두 달랐기 때문이다.

철탑노동을 했던 건설노동자이자 현재는 하루종일 수십 킬로미터를 걸어서 운동하고 있는 이서종 님, 베이비 부머 초기 세대의 여성노동자의 생애를 보여주며 작업과정을 생생하게 기억하고 있는 박미숙 님, 젊은 시절 미니스커트를 입었을 만큼 유행에 민감했고, 이후 사이클을 타면서 속도를 즐겼으며 건강을 위해 지금도 꾸준히 걷고 있는 김해숙 님, 평화시장에서 봉제기술자로 서울 생활을 시작했고 상처 끝에 지금은 반려견과 살고 있는 송순례 님, 비혼여성의 삶을 살면서 사회적 약자는 누구나 될 수 있다고 당당하게 말하는 김애자 님, 주변 사람들이 모두 떠나는 나이듦에 대한 생생한 구술을 들려준 김용순 님, 30년 넘게 건설현장에서 미장일을 했으나 지금은 막걸리와 담배에 의지하는 노년의 쓸쓸함을 보여준 박용식 님, 그리고 열몇 살에 자다가 군대에 끌려갔고 자신의 세대가 이 나라를 만들었다는 자부심이 가득한 나철균 님. 이들의 공통점이라면 지금 주변 사람들이 하나둘 세상을 떠나고 혼자 되었다는 것이다.

한 사람 한 사람의 이야기들을 통해 우리는 많은 것을 알게 되었다. 치아관리와 빈곤의 관계라든지, 입원할 때 가족과도 같은 반려견은 집에 혼자 있어야 한다는 것, 장애가 있는 노인을 사회가 어떻게 대하는지, 장애여성노인은 얼마나 더 취약한지, 코로나19가 노인들에게 미친 영향이 얼마나 컸는지도 느낄 수 있었다. 코로나19가 확산되면서 가족을 만나지 못하고 이별하거나 그나마도 적은 사회활동도 단절되었다. 정보에도 취약해 갑자기 수급비가 줄거나 배달되던 반찬이 뚝 끊길 때 누구에게 어떻게 물어보아야 하는지 잘 모르는 경우가 많았다. 평생 남에게 빚지지 않고 살았으나 지금은 누군가의 선의에 의지해 살아야 하는 상황에 놓인 것이다. 앞으로 시간이 지날수록 이들은 더 취약해질 것이다.

그럼에도 많은 분들이 우리의 방문과 경청에 힘이 나고 반갑다고 하여 기뻤다. 둘씩 짝을 이룬 우리는 노인 한 분을 만나기 위해 몇 번씩 전화를 해야 했다. 집 앞에서 기다리다 바람맞기도 하고, 여름 장마로 집에 물이 차서 만남을 연기하기를 반복했다. 몇 차례의 녹취를 푸는 것 역시 정말 고된 작업이었다. 녹취 후 정리를 거듭하면서 보충 인터뷰를 한 경우도 있다. 이런 과정을 묵묵히 함께해 준 16명의 동료들에게 감사와 존경의 마음을 보낸다. 힘들었지만 우리 모두에게도 의미 있는 시간이었다. 노인 한 분 한 분의 삶을 새롭게 해석하면서 시대적 의미를 잃지 않도록 격려해 주신 최현숙 선생님께 깊이 감사드린다. 제도가 할 일과 이웃이 할 일, 의료와 복지가 할 일을 한자리에서 논의하는 자리는 얼마나 뜻깊은가. 지역에서 함께 돌보는 공동체는 어떻게 가능한지 이제부터 우리 모두가 머리를 맞대야 할 것이다.

구술에 참여한 사람들

구술에 참여한 사람들

말한 이(가나다순)

김애자

1942년, 부산에서 태어나 아버지 사업지인 대구에서 부유하
게 자랐다. 어릴 적 갑자기 허리가 굽게 되어 현재 장애 4급이
다. 학창 시절 리더십이 남달랐고, 피아노를 전공하여 아이들
을 가르치는 과외 선생을 했다. 서울로 올라와 사촌의 자녀들
을 돌보기도 하고, 사업으로 큰돈을 벌었으나 믿었던 사람들
로부터 배신을 당해 중랑구로 올 수밖에 없었다.

김용순

1937년, 7남매 중 다섯째로 태어나 충북 영동에서 유년 시절
을 보냈다. 스무 살쯤 남편과 함께 상경하여 동작구 상도동에
서 오랜 기간 거주하였다. 중화동으로 이사 온 지는 2년 정도
되었고, 반지하 집에서 혼자 살고 있다. 현재 틀니가 잇몸에
맞지 않아 고생이다.

김해숙(가명)

1939년, 일본 교토에서 태어났다. 일제 강점기에 부모님이 일
본에서 사업을 했지만 벌어들인 돈을 다 잃었고, 이후 부모님
과 함께 한국으로 들어와 경남 부산에서 살았다. 자신을 엄청
아끼고 좋아했던 세 살 연하인 남편과 재혼한 뒤 동대문구 망
우동과 면목동을 거쳐 현재 중랑구 중화동에 34년째 거주하
고 있다.

나철균

1934년, 전남 순천에서 태어났다. 군에 입대하면서 고향을 떠났고, 제대 후 서울살이를 시작했다. 쌀 도매 납품, 건설업, 김 도매상 등을 하며 평생 부지런히 일하여 가족을 부양했다. 중화동에서 10년째 혼자 살고 있고, 어서 코로나19가 잦아들어 다시 가수 활동을 할 수 있기를 고대하고 있다.

박미숙

1953년, 인천 북구에서 태어났다. 꿈 많은 소녀였고 태평섬유를 시작으로 부천과 안양 등지에서 봉제노동을 했다. 박미숙의 어머니 역시 일제 강점기에 인천에서 봉제노동을 하였다. IMF 이후 봉제노동 현장을 떠났고 97세의 어머니와 2022년 여름 이별했다. 아직 아픔을 떨치지 못하고 있다. 30여 년 몸담은 봉제일을 사랑했고 지금도 하고 싶어한다.

박용식

1949년, 경기도 안성에서 태어났다. 27세가 되던 해 고향을 떠나 서울에 자리 잡았다. 여러 지역을 오가며 일하다 5년 전 다리를 다쳐 일할 수 없게 되면서 혼자 살기를 선택했다. 빚지고 살지 않으려 한다. 막걸리를 마시는 것과 집에 혼자 누워 있는 게 사는 낙이다.

송순례

1937년, 대전에서 태어났다. 열일곱 살 어린 나이에 시다로 봉제일을 배웠고, 스물두 살 결혼과 동시에 고향을 떠나 평화시장에서 봉제기술자로 서울 생활을 시작했다. 폭력적이고 의처증이 심한 남편과 40대 후반에 이혼하면서 중랑구에서 새로운 인생을 시작했다. 관내 노인복지관 프로그램을 즐기며 반려견과 즐거운 일상을 만들어 가고 있다.

이서종(가명)

1954년, 전라북도 김제에서 7남매의 장남으로 태어났다. 일찍 상경한 누나를 대신해 어린 동생들을 돌봤다. 20대 중반에 동료의 권유로 송전탑을 짓는 철탑일에 발을 들였다. 오십이 넘어 건설일을 시작했지만 희귀병에 걸렸다. 그러나 등산과 걷기 운동을 하며 병을 이겨내고 지금은 산에서 만난 여자친구와 행복하게 지내고 있다.

듣고 적은 이(가나다순)

강근정
인간과 세상에 대한 호기심이 많다. 일의 과정에서 경험하는 사람의 마음과 관계를 통해 삶의 에너지를 얻는다. 복잡하게 이어진 세상에서 존재의 고유함을 존중하며 공생하기 위해 궁리 중이다.

공지원
영화를 애정했던 20대를 지나, 여행과 공동체에 관심을 두었던 30대를 건너왔다. 현재는 세상과 사람에 대한 이야기를 진진하게 풀어내는 꿈을 좇고 있다.

김창숙
다양한 동네친구를 사귀기 위해 마을 활동을 시작했다. 성평등, 마을공동체 영역에 이어 올해부터는 건강돌봄, 생태환경 영역에서 활동 중이다. 사람들과의 관계맺기가 늘 어렵지만 사람을 통해 가장 많이 배우고 성장한다.

김현숙
내 어린 시절은 특별했다. 하지만 어른이 되어 모든 삶은 특별하다는 걸 알게 되었다. 많은 시간을 살아온 어른들의 삶은 나에게 많은 궁금증을 불러일으킨다. 삶의 지혜를 얻고 싶다.

박성희

글 때문에 골머리를 앓지만 글 덕에 삶을 조금씩 깨치고 있다. 그래서 가장 겸손해지는 순간도, 가장 나다울 때도 원고지 앞에서다. 주목받지 못하는 사람의 소소한 삶에서도 의미를 길어 올리고 싶다. 여러 인터뷰와 기록 작업에 참여했다.

박을남

중랑에서 중랑을 모르고 살아왔다. 우연히 마을 활동에 참여하게 되어 헌신하는 주민들과 돌봄활동을 하면서 하루를 바쁘게 보내고 있다. 이웃이 이웃을 돌보는 노노케어가 일상이 되는 길에 함께할 것이다.

오지은

사람들의 다양한 이야기를 듣고 나누고 담아내는 것에 관심이 많다. 여전히 잘 보이지 않고, 들리지 않는 이야기들에 귀기울이며 함께 살아가는 것에 대해 생각한다.

이슬기

요즘 무릎이 시리다는 게 어떤 감각인지 처음으로 느끼고 있다. 이 몸으로 보고, 듣고, 느끼는 것들을 꾸준히 기록해 나가고 싶다. 내 몸만큼 다른 몸에도 관심이 많다.

이연옥

손가락 관절이 뻣뻣해졌다가도 어느 때는 멀쩡해지는 완경기를 보내고 있다. 시력은 떨어지고 이명까지 생겼지만 호기심은 여전해서 새로운 영역에 발을 들여놓는 걸 즐긴다. 인권과

성평등에 관심이 많다.

이정

중랑에서 나고 자랐지만 마을은 관심 밖의 영역이었다. 평생교육 공부 중에 마을에 관심을 갖게 되었고, 마을의 역할을 고민하고 있다. 누구나 행복한 삶을 꿈꿀 수 있어야 한다고 생각한다. 이번 작업이 따뜻한 중랑이 되는 출발점이 되길 소망한다.

이정란

딸만 일곱인 집안에서 다섯째로 곱게 자라다가 사회에 나와 차별을 경험하게 되었다. 젊은 시절 노동 현장에서 동지들과 스크럼을 짜고 투쟁했던 12년은 삶의 토대가 되었다. 이제는 노래하는 베짱이로 늙어가는 1인이고 싶다.

이지아

인생의 9분의 8을 중랑에서 살았고 중요한 순간은 모두 초록상상과 함께 활동가로 일하는 동안에 맛보았다. 동네의 멋진 언니, 동생, 이웃들과 돌봄을 주고받으며 지금처럼 재미나게 살고 싶다.

이희랑

로컬과 커뮤니티에 관심이 많다. 마을연구자라는 딱지를 달고 사는데 그 몫을 제대로 하면서 사는 게 쉽지 않아 고민이다. 2018년 중랑마을넷 연구를 계기로 중랑의 마을활동가들과 인연이 생겼다. 그 인연이 너무나 소중하고 감사하다.

장이정수

마을에서 생태주의와 페미니즘을 고민하며 살고 있다. 어떻게 하면 좀 더 인간답게 나이 들고 더불어 행복할 수 있을까. 초록상상을 거쳐 중랑마을넷과 중랑건강공동체에서 활동하고 있다. 우리들의 삶을 기록하고 함께 돌보며 살고 싶다.

정다운

처음부터 끝까지 정성 들여 만들어 가는 것에 관심이 있다. 그 과정 안에 어떤 힘이 있는지 알고 싶다. 친구들과 함께 오랫동안 지지고 볶으며 사는 것이 꿈이다.

최수진

갱년기를 보내면서 나이듦에 대해 천착하게 되었다. 공동체 안에서 잘 살 수 있는 방법과 더불어 잘 죽을 수 있기 위한 준비에 몰두하고 있다. 여성으로 살아온 이력을 녹여 마을에서 서로돌봄의 영역 확대에 대한 실험을 준비 중이다.

김애자 님 구술

나는 되는 사람이니까,
어디서나 당당하게!

대담 및 기록

김현숙 · 최수진

김애자 님

2022년 현재, 만79세.

1942년, 부산에서 태어나 아버지 사업지인 대구에서 부유하게 자랐다. 어릴 적에 갑자기 허리가 굽게 되어 현재 장애 4급이다. 학창 시절 리더십이 남달랐고, 피아노를 전공하여 아이들을 가르치는 과외 선생을 했다. 서울로 올라와 사촌의 자녀들을 돌보기도 하고, 사업으로 큰돈을 벌었으나 믿었던 사람들로부터 배신을 당해 중랑구로 올 수밖에 없었다.

"쌀밥과 계란후라이만 먹고 자랐어"

부산에서 태어나서 대구로 갔는데, 대구에서 가발공장을 하셨던 아버지 덕에 나는 아주 잘 먹고 잘 입고 살았어요. 내가 맏이로 태어났는데 온 집안 어른들이 나를 너무 귀하게 여겨서 넘어져 다칠까 봐 할아버지가 마당에 잔디를 깔았어. 지금도 몸에 흉터 하나 없잖아요. 보리밥도 못 먹고 살 때 쌀밥과 계란후라이는 일상으로 먹었고. 내가 어릴 때 똘망똘망하고 예쁘니까 동네 어른들이 일상으로 나를 데리고 놀았는데, 그때 어떻게 다쳤나 봐. 어느 날 열이 펄펄 끓어서 엄마가 스웨덴 병원으로까지 데리고 갔는데 당시 의학으로는 원인을 알 수 없었지. 열이 좀 떨어져서 엄마가 목욕을 시켰는데 엉덩이 쪽에 도독하게 뼈가 불룩한 것을 발견했고 그때부터 자라면서 이렇게(척추장애) 된 거야.

그렇게 장애를 가지고 자랐지만 나는 늘 당당했어. 공부도 잘했고 리더십도 있어서 아무도 나를 무시하지 못했어. 늘 반장을 했고 학급 운영에 대해서도 담임 선생님은 늘 나하고 의논을 하셨지. 중학교 3학년 어느 날, 담임 선생님이 '수복이가 학교를 안 나온다, 지금 수복이가 신천동 시장에서 깨소금을 팔고 있다더라, 왜 안 나오는지 뭔 상황인지 가서 좀 알아보고 온나' 이러시는 거야. 그래서 시장 가니까 앞치마 이런 거 해가꼬 깨소금 봉지 요리 빼족하게 해서 팔고 있더라고. 팔고 있는 거 쳐다보니까 눈물 나더라고. 그냥 한참 보고 있었어. 그러다가 내가 옆에 가니까 깜짝 놀라길래 선생님이 가보라 계속 그래서 왔다, 결석한다고 걱정하시더라고 했지. 친구 모습이 아른거려서 안 되겠다 싶어서 중고등학교, 우리 중학교 고등학교 연결돼 있거든(같은 재단), 그래서 편지 봉투에 쌀 한 봉투씩 가져오자는 캠페인을 한 거야. 그렇게 봉투에다 너도나도 가지고 오니 그것도 꽤 많더라고. 고등학교 언니들도 같이 협조해 주는 거야. 그래서 또 보니 반이 많으니까 쌀이 많이 모이더라고. 그래가 진짜 좀 어려운 친구들 이리 해 가지고 전부 이렇게 분배를 하니, 교장 선생님이 깜짝 놀라 가지고, 아이고 야야 네가 어찌 그런 생각을 했노 하면서 선행 표창장 받고 이랬다니까.

　중학교 다닐 때 저 고아원에서 오는 애들이 많았어. 그때 전쟁고아[4]도 있고 고아원에서 오는 애들이 많았는데, 걔들은 도시락을 안 가져오더라고. 지금 말하면 대구 방촌동이야. 거기 고아원에서 오는 애가 세 명이 있었어. 걔들은 또 기독교 재단인지 야들 이름이 성숙, 성옥 또 성순이, 이렇게 '성' 자가 들어가더라고. 내가 그때는 고아원에서 한 저건가 보다 했는데, 나이 들어서 생각하니 기독교니까 아이들 이름에 전부 성자를 넣어 진짜 이름 아닌데도 그 원생들을 그렇게 지

---

4) 6·25 당시, 전쟁에 의한 인명 손실을 없애려고 UN이 개입했으나, 낙동강 오른쪽과 대구 이남 지역 정도만을 남긴 채 국군은 인민군의 무력 남하에 손도 못 쓰고 후퇴하고 말았다. 그런 이유로 대구 지역엔 전쟁고아가 상대적으로 많았다.

었나 봐. 그래 걔들 도시락을 안 가져오고 지금 말하면 식빵 그거를 이렇게 한 조각씩 이렇게 가져와, 안에 뭐 별거 든 것 도 없고. 우리가 밥을 막 둘러앉아서 먹었는데, 쟤들도 얼마 나 밥을 먹고 싶겠냐 싶고, 내가 진짜 정이 참 많아. 지금도 어려운 사람 보면 내가 돈도 많이 띄긴(떼이긴) 했어. 그래서 엄마한테 벤또(도시락)에다 하지 말고 찬합에 밥 많이 싸고 반찬하고 해서 달라고 그랬지. 그랬더니 그때부터 찬합을 식 모 이모가 가져오고 그렇게 해서 아이들을 챙겼어.

나는 또 학교 다닐 때 좀 별났어. 얌전하니 안 있었어. 활 동적이었지. 그때는 연예인들이 극장에서 주로 공연을 했는 데 한 친구가 대구 제일극장 딸이었는데 서울로 말하면 강 남이야. 내가 장애를 가졌어도 연예인들 앞에서도 당당했거 든. 당시 나는 가수 정원[5]을 좋아했어. 교복 입고 같이 사진 찍고 이랬지. 그런데 코미디언 이대성도 아파서 죽고, 배삼 룡도 죽고…. 미스 코리아 출신으로 배우까지 한 친구도 있 는데 모두 지금 어디서 잘살고 있겠지. 나는 지금 중랑구 골 짜기에 사니까, 연락 안 하더라고. 동창회 안 나가니까 그동 안 죽은 친구들도 많지. 나는 건강하게 잘사는 편이지. 병원 에 그래도 입원 안 하고 잘산다.

5) 1960년대에 <허무한 마음>, <미워하지 않으리> 등을 노래한 인기가수다. 그는 극장 쇼 전성시대에 슈퍼스타이자 전설로 통하기도 했다. 2015년 2월, 72세에 급성 심근경색으로 사망했다.

"빨갱이가 안 빨갛네"

6·25 났을 때, 우리는 대구에 있으면 괜찮은데, 우리 아버지 고향이 시골 경북 고령이거든. 형제가 죽어도 같이 죽고 살아도 같이 살아야 된다고, 식구들 대구 가만히 있으면 우리는 아무 일도 없었을 텐데, 형제 집안들 있는 고향으로 갔어. 우리 작은아버지는 또 형님한테 온다고 대구로 오다가 낙동강 파괴되는 바람에 작은아버지는 거기서 총 맞아서 돌아가실 뻔했고. 우리는 보리밥도 안 해 먹었는데 시골 가니까 식구들이 많잖아. 집안이 다 모여 있으니까 그거 뭐야, 감자 넣고 밀가루 수제비로 아이도 한 그릇 어른도 한 그릇 그렇게 먹었던 기억이 나.

그때 6살쯤 됐어요(1943년에 태어났다고 하면 6·25 당시 나이가 8살이 됨). 인민군들이 왔는데 어른들이 '인민군들 빨갱 빨갱(빨갱이)' 그래서 나는 사람이 빨갛고 좀 색다른 줄 알았지. 우리 다 그랬어. 빨갱이들이 와서 진짜로 닭도 가져가고 쌀도 가져가고 감자도 가져가고 돼지, 소도 가져가고 그걸 내 눈으로 다 봤어. 그러니까 빨갱이들이 그게 지금 영화에 나오는 인민군복 그대로야. 영화 나오는 데 보면 그 옷이야, 맞아. 모자, 인민복, 방공 소리, 비행기 소리고 사이렌 소리 나면 작은아버지 큰아버지 당숙 아버지 전부 다 애새끼들 하나씩 둘씩 들쳐업고, 고향 앞산에 반공(방공호)을 파놔 가지고 거기로 다 들어가. 그때 나는 항상 안 간다고 했어. 그냥 작은집 툇마루에 앉아 있었어. 굴에 갔다가 뛰어오고 그 굴 속에 들어가기 막 싫은 거야. 그게 몇 번 갔다가 싫어졌어. 우리 작은집 앞 논에 폭탄 터지는 것도 봤는데 인민군도 빨 갱이들이 오면 어른들이 아들 동생들 다 들고 다 가버리고 없고 했어. 집에 남아서 앉아 있으면 그때 빨갱이가 왔어. 와 가지고 물건 다 가져가니까 식구들 먹으라고 어디 딴 데 감 췄어. 굴속 같은 데 감춰 놓았지. 안 그럼 못 먹지. 어느 날 빨 갱이들이 왔는데 쫄병들이 집을 뒤지고 높은 놈이 내 옆에 덜렁 앉았어. 그거 평생 안 잊어버려. 빨갱이 보고 내가 이리 쳐다보면서 "아저씨 빨갱이라면서 얼굴 안 빨갛네, 우리하 고 색깔 똑같네" 이랬다니까.

"내가 의사들 입도 다물게 하는 반의학박사야!"

우리 둘째(동생)가 창원에 살았을 때 창원에서 내가 우리 나라 최초의 찜질방을 했어. 이제 대학 졸업하고 그 과외 접 고 찜질방을 했는데, 그때 사람들이 찜질방에 대한 개념이 없더라고. 그냥 목욕탕으로 생각하는 거야. 근데 찜질방하고 목욕탕은 개념이 다르거든. 찜질방은 건강을 찾는 곳이야. 거기 최초로 했는데 실패했지. 몇 억 들였는데 안 알려진 거 지. 힘들고 스트레스 받고 있었어. 엄마가 와서 미역국도 끓 이고 옹심이도 끓이고 하며 도와주고 있었는데, 내 오른쪽

팔에 마비가 왔어. 그때 건물 주인이 왔었는데 내가 이상하
게 일하고 있으니까 "김 원장, 왜 이래요?" 하며 한의원으로
데리고 갔지. 마비가 온 거야. 그래서 침 맞고 물리치료해서
돌아온 거야. 뇌경색이 왔는지 하여튼 그랬어.

큰일 날 뻔했다니까. 스트레스도 많고 찜질방 큰 거를 하
고 빨래는 날마다 나오잖아. 수입도 옳게 안 나오고 직원들
은 자기 일할 때만 하고 가버리면 말짱 내가 다 해야 하고,
지원도 있었는데 안 되더라고. 그리고 엄마 오고 내 바로 밑
에 여동생이 와서 도와주고 했는데, (이제는) 내 찜질한 뒷자
리도 쳐다보기 싫다니까.

창원에 있을 땐데 한번은 보건소에서 오래. 뭔가 상담할
일이 있대. 그러니까 이런 걸 사전에 무슨 정보를 듣고 하면
내 기억이라도 좀 할 건데. 그냥 거기서 '차 타고 왔어요? 네.
차에서 내려 여기까지 걸어왔어요? 네.' 하니까 '장애인이라
할 수도 없고' 그러면서 이제 장애등급을 4급 주는 거야. 중
랑구에 와서 보니 내가 아무리 봐도 잘못된 것 같다. 다른 사
람들은 별거 아닌데도 뭐 상급 이러는데, 이 등급 잘못된 것
같다. 그래서 내가 등급 다시 받을란다 하고 갔어. 그랬더니
이만큼 세월 보냈는데 그냥 지내라 하드라고. 복지 아이들이
(사회복지사) 여태까지 몇십 년 그냥 했으니까 새로 등급 받지
말라 그러는데 그거는 아니더라고 나쁜 놈들이. 어떤 거 내
가 그걸 신청하라 하면 받을 수 있지? 등급을 내가 새로 받
아야 되지 않아? 나보다 아무것도 아닌 것도 등급 받던데,

나는 장애 이렇게 받으면 안 돼. 많이 불편해. 항상 이렇게 무릎을 찍고 이렇게 걸었어. 피로도도 더 높고.

여러 가지 근데 그러니까 내가 이제 그래서 건강 공부를 많이 한 거야. 공부하면서 건강식품에 대한 거, 이제 인체에 대한 공부를 해서 반의사같이 이제 반박사가 된 거야. 내 스스로를 좀 지키려고. 참 당당했어. 지금도 그러니까 지금도 뭐 웬만한 거 좀 시건방 떨고 이러면은 대화를 딱 하면 핵심을 찔러서 박살을 내버리지.

지나온 삶의 연표를 적어본다

"이건 생계비야, 생계비. 밥숟가락을 왜 빼앗냐!"

나 수급비도 받고 있는데 한 2년 전에 사전에 그런 통보도 없고 예고도 없이 수급비가 10만 원 깎여 나온 거야. 사전에 문자 하나 받은 게 없이. 29만 몇천 원인데 10만 원을 까버리고, 그거를 더 보태줘도 시원찮은데 그거를 왜 공제를 하며 까는 이유를 납득을 안 시키고 이해를 안 시키고 네 마음 대로 까냐 이거야. 이건 생계비야 생계비, 밥숟가락을 왜 빼앗냐고. 그래서 동사무소(주민센터) 가서 "이게 왜 이런지 복지관 담당이 왜 답을 못해?" 소리 질렀어. 어려운 사람이(을) 이래 무시해도 되나 싶고, 그냥 그냥 내가 처참한 거야. 그냥 얻어먹는다는 거, 그건 비참하더라고. 내가 청와대 앞에 피켓 들고 가서 시위하겠다고 했더니 그분(주민센터 직원)은 그렇게 하라고 하더라. 나는 SNS 같은 거 할 줄 몰라. 이걸 할 줄 알았으면 벌써 띄우든지 뭐 했을 거야. 이거 쓸 줄 몰라, 아직까지. 그냥 전화 오면 받는 거밖에 안 하거든. 근데 여기서 청와대까지 길도 모르고 그래서 머뭇거리고 속상해서 속 앓이하고 있는데, 그날 당장 내가 그 동사무소에서 화가 안 풀리고 도저히 이거는 어느 구석으로라도 알아야 되겠다 싶어 통장을 들고 어디로 간 줄 알아? 박홍근 의원 사무실로 가서 내가 이제 이만저만해서 왔다, 박 의원하고 내가 면담을 좀 해야 되겠다 하니까 박 의원님 지금 여의도 가고 안 계신다 해서 통장을 이제 그 비서관한테 보여줬어. 다 보고 비교해 보면서 노령연금을 5만 원 올려줬다고 그러면 5만 원에 대한 그것만 까야지 왜 10만 원을 까냐 하더라고.

나는 내가 수급자[6]라는 것이 미안하지도 부끄럽지도 않아. 왜, 내가 사업하고 할 때 나라에 그만큼 세금 내면서 할 의무는 다했기 때문이야. 복지를 이렇게 하면 안 돼. 그러고 장애인들 무시하고 그렇게 하면 안 되고. 우리 세대, 우리 부모 세대들이 쎄가 빠지게 고생하고 나라 이만큼 해놓은 거야. 젊은 사람들은 그것도 알아야 돼, 정말로. 다른 유럽이나 미국 같은 데는 복지 예산이 굉장히 많이 높게 잡혀 있거든. 우리는 거기 비교하면 뭐 병아리 눈물밖에 안 돼. 그런 시스템이 좀 갖춰져서 솔직히 이제 어른들도 과거에 어른들이 피땀 흘려서 궤도 위에 올려놨잖아. 그러면 그 예우를 하라 이거야.

나는 정치에도 관심 많아. 잘못된 건 잘못했다고 욕하고. 좀 젊은 애가 있어. 갸하고 나하고 바른말을 많이 했거든. 그러면 누가 그런 바른말 하지 말라고 이야기해. 그러면 나는 '무식한 소리 하지 말라, 세상 돌아가는 건 알아야지, 이 나라 국민이면 흑백 논리는 알아야지 뭐 밥만 먹고 되냐? 무식한 노인네 티 내지 말라' 그래. 흑백 논리는 분명히 해야지, 아닌 거를 좋다고 그럴 수는 없잖아.

---

6) 김애자 님은 월 장애4급 연금 40,000원, 기초연금급여 307,500원, 생계급여 17만 원, 기초주거급여 11만 원 정도를 지원받고 있다.

"제주도에서 내 별명이 '피아노'였어"

아버지가 첩을 얻어 제주도로 사업장을 옮기면서 나도 따라갔어. 내 별명이 '피아노'야. 중고등학교 때 내가 음감도 있고 노래도 잘하고 해서 음악을 하다가 이제 그쪽으로, 선생님 집에서 피아노를 같이 배우기도 하고 그래서 하게 된 거죠. 그리고 대학교에서 피아노를 전공해서 피아노 교습도 하고 아이들 기다리는 시간에 공부도 가르치고 했어, 학원 운영하면서. 그리고 제주도에서 썬라이더(건강보조식품 판매 회사)라는 글로벌이지, 그 썬라이더 애들을 접하게 된 거지. 알고 지내던 사람(썬라이더 관계자)이 빚에 쪼달려 쫓겨 다니고 이랬는데, 나중에 답답하니 '김 선생님, 나 좀 도와 달라'고 했어. 아이고, 그 애도 기독교인이야. 기독교인을 내가 그래서 싫어한다니까. 나를 가장 힘들게 하고 가장 아프게 한 것들이 주로 기독교인들이야. 건달들한테 걸리면 죽는다, 맞아 죽는다고 해서 내가 많이 카바해 줬어. 우리집에도 와서 있게 해주고, 그렇게 하다 서울로 가고 싶대. 제주도에서는 아무것도 할 수가 없으니까. 서울로 가려니까 비행기고 뭐고 인자 저 혼자 못 하잖아. 그때 내가 제주도에 있으면서도 파워가 있었어. 그 양반 오도 가도 못 하는 걸 공항에 아는 애를 불러와 첫 비행기표 구해 달라 해서 경비까지 챙겨서 서울로 보냈어. 그러고는 서울에서 만났지.

당시에 룸싸롱 마담들, 주인 사장들도 아가씨들 구하러 다 우리집에 다 왔다니까. 왜 우리집에 많이 왔냐면 피아노를 하는데 그 룸싸롱 아가씨들 학벌이 굉장히 좋은 애들 많았어. 인물 좋은 애들이었지. 밤에 그 장사하고 아침에 좀 늦게까지 자고 나면 중간에 공백이 생기니까 낮에 피아노를 배우러 왔어. 그들이 하나둘씩 우리집에 오다 보니까 친해져 버린 거야. 그러니까 선생님보다 '언니야'가 되고, 명절 되면 전부 다 왔어. 명절 때 저거는(고향에) 못 가잖아. 우리 엄마, 아버지 보고 '엄마, 아버지'라고 불러서 딸이 그냥 갑자기 열 몇 명이 생겼어.

또 카드 선불 당겨가 뭐 하면 내가 보증해 줘서 이년들이 도망가 버리고 나면 이렇게 해서 내가 다 물아주고. 제주도에 유명한 건달 오빠가 있었어. 근데 그 오빠가 정 많게 애들 챙기고 한다고 그 오빠가 어떻게 나만 보면 아, 박해식(가명)이다! 제주도 해식이라고 하면 유명해, 아무 놈도 못 건드려, 그 오빠가 나한테 "야, 피아노야!" 그랬어.

"미움도 크지만 사랑도 크게 하는 것이지"

30대 후반(또는 40대 초반)에 서울로 와서 사촌오빠 아이들 뒷바라지를 했어요. 사촌들이 재동, 서교동, 선릉 이런 데 살았는데 다 잘 살았지. 걔들 다 이제 시집 장가 다 가서 애들 낳고, 나는 할매 중에 상할매야. 우리 성훈이 결혼해서 아기

를 낳아 가지고 올케가 안고 온 거야. '고모할머니' 해서 내
가 깜짝 놀랐어. 아이고 내가 기절하면서 언니, 나는 할머니
안 할 거야. 호적에서 빼, 나 할머니 안 할 거야 했어. 할머니
소리, 그렇게 듣기 싫더라고.

서울에 사촌들도 있고 6촌들도 있고 우리 집안이 굉장히
우애 있게 지냈는데, 전에는 많이 왔다 갔다 하고, 명절 때도
엄마 계실 때는 대구 내려갔는데, 엄마 안 계시니까 안 가지
더라고요. 지금은 내 생활이 초라하고 이러니까 이제 올케들
친척들한테 안 가는 거야.

그렇게 조카를 키워 놓고 독립을 해서 비즈니스, 유통 사
업을 했는데, 제주도에서 알고 있던(비행기 태워서 서울로 보냈
던 지인) 사람 덕에 썬라이더를 하게 된 거야. 그때 이미 썬라
이더 글로벌을 하고 있더라고. 이미 거기서 자기가 하면서
그러니까 대만, 홍콩을 다니면 본사가 거기니까 한국에 지사
가 없으니까 우리가 물건 직수입을 해 왔어. 비만인 뚱뚱한
사람, 당뇨 있는 사람들은 그게 한방 오행이라는, 한방에 우
리 오행 있잖아? 그런 제품이기 때문에 치료가 되더라고, 성
공했지. 근데 그거 먹은 사람이 또 회원으로 등록해 가지고
싸게 직거래해서 먹을 수 있도록 다 다단계 그런 제도가 돼
있어. 비만이 자연스럽게 몸의 독소, 염증이 빠지고 이러니
까 내가 그렇게 등록한 사람들이 엄청 많아진 거야. 조직이
커버린 거야. 내가 이천일(가명) 새끼보다 더 많이 커버린 거
야.

내가 그렇게 하니까 나중에 자기가 한 라인의 매출이 얼마, 각 라인의 매출이 얼마 이렇게 체크가 돼. 대체로 우리 직급이 있잖아요. 1DR(1Director)부터 시작해서 4DR[7]이 되면 그때 자가용과 사파이어 배지가 나왔어. 그러니까 이놈의 새끼가 내가 자기보다 크게 생겼으니까 자기가 내 라인을 갖고 장난을 쳐버리는 바람에 결국 자가용도 배지도 못 받았지. 그래서 내가 막말을 해서 "이 사장, 니 이러면 양심이 없다. 너 기도하는 뒤통수를 내가 야구방망이로 뽀사 불고 싶다.", "이 사장, 니는 내가 인격적으로 진짜 인정해 주고 존경해 줬는데 비겁하게 살지 마라." 내가 쌍소리를 막 했더니 깜짝 놀라는 거야. 김 선생은 나를 위해줄 줄 알고 했다 이거야. "그러면 나한테 상담을 해야지, 네 마음대로 라인을 먹어? 이거 형사 문제야. 내가 맨날 순둥이인 줄 아나? 모를 줄 알았나?" 한 거지. "정말 피아노 선생 맨날 순둥이 아니야. 선생도 감정이 있고 악이 나면 뭣보다 무서워 내가. 내가 니한테 어떻게 했냐. 네가 지금 서울에 어떻게 왔냐? 니들 광준이하고 해식이한테 안 맞아 죽었잖아. 다행인 줄 알아. 그렇게 살면 안 돼. 그냥 좀 추접하고 비겁하게 살지 말자, 인생 얼마라고, 기도는 왜 하냐?" 그랬지. 지가 내를 평생 업고 다니고 지가 내를 다 봉양한다고 그러더니 개뚱이야. 뻔뻔스럽게 그냥.

---

7) 다단계 회사의 판매자 직급을 말한다.

내가 이상명(가명) 씨하고 당뇨 있는 사람들, 스폰서들과 진짜 재미있게 지냈어. 그때 식사도 잘하고 대만, 홍콩 가면 잘 못 오니까 호텔에서 같이 자기 그룹끼리 자고 먹고 막 그렇게 하는데 노래방도 많이 갔다. 그런데 이 물건(건강보조식품)을 갖고 오면 공항에서 압류가 된다. 이 압류를 풀 수 있는 방법을 또 연구를 해야지. 그래서 여행사를 낀 거야. 그 여행사 식구들 다 갈 때만 티켓을 끊고 그 여행사를 이용하는데 여행사들이 통과시킬 수 있는 루트를 만들어 다 통과했어. 그래 그 여행사를 오랫동안 이용했는데 그 여행사 사장이 이해신(가명)이다. 그년한테 내가 뒤통수 되게 맞았지. 돈이 필요하대서 돈을 만들어 줬더니 여행사를 딱 닫고 잠수를 탔어. 그때는 지금처럼 정보를 알 수 있는 방법도 없었고. 코빼기도 연락할 길이 지금도 없어. 그래서 내가 썬라이더 손 놔 버렸지.

내가 패물을 많이 갖고 있었어. 그 패물 지금 하래도 할 수가 없더라고. 카메오로는 반지 귀걸이 목걸이를 하고, 진주 호박 금에다가 다이아를 많이 박아 쌍방울로 했는데, 패물 디자인을 난 특별하게 그렇게 했어. 패물이 굉장히 많았어. 김 사장하고 두일이가 투자회사 한다니까 그걸 몽땅 잡혀 가지고 딱 해준 거야. 지금 내가 패물이 없어. 아우, 지금 제일 아쉽고 생각나는 게 그 패물이야. 매출 투자를 당겨 가지고 그 당시에 우리 형제간 것까지 1억이 넘게 투자했지.

그리고 어떨 땐 전화가 와. 내가 전화 받으면 다 전화 바꿔었는데 전화 안 바뀌었네요? 이러는데, 뭐 하러 전화 바꾸냐? 도덕적으로 못한 놈들이나 전화 바꾸지, 내가 그래. 또 강남에 나오라 그래. 밥이나 먹자고. 그리고 밥 먹고 그 일 좀 도와달라고. 근데 이제 난 능력 없으니까 일 못 해, 나는 손 안 대지. 뭘 도와주고 싶어도 또 나중에 아이고, 이제 못 해 안 해. 이젠 상처받기 싫어 감당 안 돼. 그때는 젊은 게 할 수 있는 저력이라도 있고 지금은 상처받으면 그냥 자빠져 버려.

지금 이 세월에 있어서 가만히 옛날 생각하면 진짜 울화통 터져. 어떨 땐 자꾸 그러니까 내가 너무 바보같이 살았고 내가 싫은 거야. 대학 졸업하고도 한 십몇 년 넘게 음악을 했지, 그러다가 순수한 애들하고만 오래 생활해서 세상을 모르는 거야. 세상에 때가 안 묻어 가지고, 그때부터 이제 나한테 풍랑이 오기 시작한 거야. 사람을 자꾸 믿어 버리는 거야. 밖에서 그거 날카롭고 무서운 세상을 몰랐던 거야. 내 마음이 좀 고우니까 세상도 곱게 보는 시선으로 산 거야. 근데 사람들은 그거를 악용을 하더라고. 그 순수함을 이용을 하더라. 그래서 내가 많이 상처를 많이 받았지. 그러니까 돈으로도 상처 많이 받고 인간으로도 상처 많이 받았어. 그래도 내가 그들과 24시간을 저거 마누라보다 더 같이 움직이니까 더 정이 많이 들었지. 그러니까 미워도 크게 또 미워하지만 또 함께 가야 해요. 사랑도 좋아하는 것도 크게 하는 것이지.

"형제간이 이웃사촌보다 못해"

한 20년 전에, 50대 후반에 그렇게 돈을 다 날리고 어쩔 수 없이 중화동으로 오게 됐지. 같은 중화동인데 저쪽 건너편에 거기서 살았는데, 집주인이 뭐 월세를 놓고 집을 새로 짓는다나 어쩐다 해서 이사를 해야 했지. 이것도 전세인데 SH에서 한 전세야. 작년 11월에 이리로 이사를 왔는데, 3개월 동안 집 얻으러 온 동네를 돌았지. 그러니까 점점 내가 이제 더 비참하게 되는 거야. 그래, 솔직히 이제 이만큼 살았으니까 내가 뭐 크게 삶의 의미를 안 두니까 그냥 인생을 끝을 낼까 하는 그런 생각도 했어. 솔직히 그랬어. 그리고 지금도 뭐 하루하루 가는 게 죽음의 길로 가는 것밖에 더 돼? 아무 의미가 없는 거야, 심리적으로. 그리고 솔직히 동네 수준이 낮고 대화 수준들이 각자 다르니까 깊은 대화를 절대 안 하지. 그냥 (안부 정도) 모여가 이러면 그냥 웃고 운동하고 이러지. 속내는 소통이 안 되니까 대화도 어느 정도 부류가 비슷해야 대화가 되지, 이해 못 하는 사람 많아.

4월에 코로나 걸렸는데 격리 기간 끝나고 우울증이 심하게 오더라고. 밥맛도 없고 의욕이 자꾸 떨어졌어. 식사는 하루에 두 끼 정도 먹는데, 사과 뭐 이런 거 먹다가 말다가 먹는 거는 자잘하게 있는데 먹기 싫어. 점심 때 뭐를 좀 먹고 이래야 되는데, 그런 애착이 안 생겨. 그래도 무료하게 있을

게 아니라 동사무소에 재난지원금 그거 신청하라고 문자가 왔길래, 그거 인자 카드 받았거든. 그것 때문에 동사무소 가니까 뭐 노래교실도 있고 난타도 있고 프로그램이 있어. 그때 처음 봤어, 나는. 그래서 내가 5층인가 올라가서 이야기를 했어. 노래교실 하자니까 다 차고 없대. 월요일 1시, 3시 국악 난타를 좀 신청해 볼까 했는데, 수강료가 1만 5천 원이야. 1만 5천 원이거나 2만 원짜리도 있는데 인원이 다 찼대. 그러니까 이런 프로그램을 나는 모르고 늦게사 알았어.

텃밭 같은 것도 중랑구청에서 한다고 해서 저 건너편에 언니하고 둘이 갈까 했는데 차 없으면 댕기도 못 하는 거야. 너무 멀어 가지고. 지금 찾아가라도 못 찾아가. 그래가 텃밭 이거 만든다고 오라 그래서 언니하고 갔지. 너무 멀어 버스 타고 그냥 갔는데 어느 산 밑으로 막 가. 언니하고 내하고 인자 텃밭 한다고 인제 아저씨들도 많이 오고 그래가 했는데, 언니 내 차 없으면 못 다니겠다. 말짱 꽝이다. 동네에 이렇게 조그마한 동네에 왔다 갔다 하기 좋고 물 주기 좋고 이래야지, 그 산골짜기 갔다 오다가 노인네들 다 죽겠다는 얘기다.

저 동네 언니도 막 코로나 걸려 가지고 고생했는데, 언니가 지금 후유증이 그리 심한 거예요. 당뇨 있고 이러거든. 그런데 그렇게 살이 빠지고, 밥맛도 없고 막 그래서 내가 한번 "언니야, 밥맛 없으면 저기 가서 고기라도 좀 먹자" 그랬어. 그때 그 언니가 영 밥맛도 없다 했는데, 살이 쏙 빠져 버렸대. 당뇨 살 빠지면 안 되죠. 그래서 이제 뭘 사면은 꼭 전화해. 나보고 언니, 서로 언니라고 불러. 연령이 비슷하니까. 서로서로 이제 존경하는 의미로 서로 언니 나도 언니지. 뭘 해서 같이 먹고. 또 나는 국수 같은 것도 뭐 있으면 그거 가지고 언니 많이 가져다주고. 세제 같은 거 뭐 난 식구가 없으니까 홈쇼핑 같은 데서 한 번 살 때는 몽땅 때려서 사버리거든. 언니는 아들딸이 있어도 혼자 살아. 그러니까 거기 가면 그 옆에 또 빌라에 연세 많은 여든세 살 먹은 언니가 있는데, 그 언니가 또 빌빌해서 요새 아파. 그래가 인자 뭘 하면은 그 언니 오라 하고, 그러면 그 언니는 같이 저 밑에 1층에는 같이 또 올라가. 그렇게 모이면 같이들 먹고 밑에 또 자기 집에 있으면 사 갖고 먹고 또 같이 갖고 올라오고.

언니가 당뇨 있고 하니까 뭐 어떨 때는 아, 나한테 물어본다고. 그러니까 당뇨 있고 이런 게 다 망막증 같은 거 눈도 그렇고 이번에 심장 수술도 하고 이랬거든. 그러면 내가 루테인 지아이 이런 거는 홈쇼핑에다 주문해 가지고 일반으로 주문하는 것보다 패밀리로 주문하면 가격이 싸잖아. 그러면 언니들하고 이렇게 나눠. 인터넷 쇼핑하고 주문하는 거는 아무도 할 줄 몰라, 나만 해. 그렇게 주문해서 언니들하고 나누는 거지. 고기 같은 것도 냉장고에 안 넣고 밖에 내놔도 되는 거 그런 거. 냉장고에 다 일일이 넣으려면 못 하잖아. 저번에 산 도가니탕 같은 거는 한 팩에 2인분으로 돼 있어. 도가니가 참 맛있어. 열 팩에 7만 원이야. 그럼 고깃집에서 먹는 것보다 훨씬 싸지. 그래가 동네 언니랑 다섯 팩씩 나눴는데, 그 언니가 먹어보고는 고기도 많고, 너무 맛있다 하면서 언제 또 하거든 열 팩을 사달래. 왜냐하면 딸들한테 주고 싶다 이거야.

이제 형제간이 이웃사촌보다 못해, 잘 안 보니까. 여자 형제들은 통화를 하는데 남자 형제들은 1년에 가뭄에 콩 나듯이 하지, 별일 없으니까. 여형제는 전화를 많이 해. 비 오면 비 피해 없나, 아픈 데 없나, 무슨 일 있으면 연락해라. 연락이 안 되고 하면 무슨 일 있으면 동네 사람들한테도 해. 어제도 그제도 이렇게 언니들하고 내가 찰밥 좋아하는데 찰밥 했다고 오라고 해서 이틀 동안 그 집에서 밥 먹었어. 그리고 또 언니도 아파서 당뇨 환자인데 심장도 안 좋은데, 뒤늦게 밥이 자꾸 붙더라고. 이거 보면 안 되는데 그래서 이제 밥을 먹는다고 약을 먹는데 그거를 아침저녁으로 먹었는데 내가 한 엿새 만에 갔나? "언니 왜 이래?" 그러니 "몰라" 그러는 거야. 당뇨과 병원 당장 가봐라 했지. 의사가 약이 떨어지면 안 되는 정도인데 약을 보더만 여기는 이상 없는데 심장과에 가야 한대. 이틀 더 먹었으면 죽을 뻔한 거야. 같은 병원이면 의사들이 중복되는 약을 확인하고 처방을 해줬을 텐데. 그래 의사가 십몇 년 일했지만 이런 적은 처음이라고 죄송하다고 했대.

나는 뭘 해보고 싶은 것보다 그래도 내가 사는 동안에 내 정신이 있고 이게 움직일 수 있는 동안 좀 필요한 사람이 됐으면 좋겠다. 무의미하게 이래 하루를 보내고도 아침에 해가

뜨는 것을 좋아해야 돼? 이건 아니고, 쉬면서 조그마한 일에
도 내가 할 일이 있고 내가 필요한 사람이 됐으면 좋겠다는
생각을 해.

"친구 같은 사람이라도 있으면 어떨까?"

결혼 안 한 게 내가 장애가 있기 때문에, 결혼하면 혹여라
도 그 남편한테 또 주위 가족들한테 무시당하고 경시당할
수 있잖아. 그런 우려가 있었어. 그런 게 싫은 거야. 결혼을
하자고 좋아하는 사람들도 있었고 나 쫓아다닌 사람들도 있
었는데 내가 뿌리쳤지. 중매도 들어왔었고. 그런데 그때는
우리 아버지가 이중생활을 했잖아. 마누라가 둘. 내가 어릴
때 기억하기로는 그때는 첩을 얻었는데 엄마가 그 여자 집
을 알아내 가지고 나중에 아버지 안 계시면 그 집 유리창 다
깨버리고(이 사건은 대구에서의 사건으로 추정. 어머니는 대구에 남
았다고 진술한 부분이 있기 때문) 그 여자 직사게 두드려 패놓고
오고. 내가 겨울에 이렇게 자다가 눈을 떠보면 엄마 눈과 옆
머리에 멍이 들어 있었어. 찬바람에 나가 보면 엄마가 돌아
가지고 (정신없는 모습으로) 옷이며 머리에 막 눈이 하얗게 쌓
여 가지고 그렇게 눈을 맞고 가서 두드리고 뿌수고. 이렇게
망치로 때리고 이러다 보니까 이런 데 손도 다치고 피도 묻
어가 올 때가 있고 그랬지. 그래 그런 부분적인 것도 있고 아
버지가 그 이중생활하고 그런 거에 대한 거를 보니까 남자

에 대한 그게 지금도 내가 남자를 보는 눈이 한 베일을 깔고 보는 거야. 항상 베일을 깔고 보니까 이렇게 딱 마음에 와서 닿지가 않지. 그런 부분이 있어. 연애는 했지.[8]

젊을 때는 그런대로 일도 있었고 많은 사람들과 접촉하면서 살 때는 모르고 넘어가 그냥 사는데 요즘은 이제 내가 나이 들어서 혼자 있는 생활을 이렇게 되돌아보면 그냥 가족이 없이 단순하게 사니까 복잡은 안 하고 신경 쓸 일은 없고 머리 아플 일 덜한데, 그래도 내 내면의 것을 보면 지금은 자꾸 죽음에 대한 불안증, 말로에 대한 좀 불안한 그런 게 오지.

누군가 같이 친구 같은 사람이라도 있으면 어떨까? 이런 안도의 안정을 좀 찾고 싶지만 그 마음을 서로 허물없이 털어놓고 교류할 수 있는 사람이 과연 얼마나 되겠나! 자식이 있다고 해도 멀리 있고 결국 각자 살잖아. 자식이 있다 해도 가까운 사람한테 허물을 털어놓는 사람이 훨씬 많아. 그래서 내가 요즘이야, 이제 내가 많이 늙었구나, 자신감이 많이 떨어졌구나! 하는 생각이 들어.

"장애인들도 위축되지 말자고 말하고 싶어"

복지관 프로그램으로 핸드폰 사용하는 거하고 공부하는

---

8) 형제에 대해서는 이야기가 엇갈리고 있다. 어머니에게서 다섯 자매, 첩에게서 두 형제를 뒀다고 했다가 어머니에게서도 두 형제가 태어났다고 말하기도 한다.

거 알려줘. 지금 전화기 작동을 제대로 못 하니 그거 알려주
는 거. 또 다른 거 몇 개 신청했는데, 복지관에서 여기 구청
사거리 가는 버스는 없어서 지하철을 탔지. 먹골역 지나 또
바뀌서 봉화산역까지 가서 그것도 지하철에서 내려서 가. 버
스는 요금을 내고 지하철은 안 내잖아. 그래서 나는 버스 노
선은 하나도 몰라. 지하철은 내가 엘리베이터 타고 하니까.
(중화역 뒤쪽 문화복합센터는 공사 중으로 2, 3년 걸림) 신내복지관
아니면 저 동부시장 그 끝자락에 시립복지관 거기도 솔찬히
멀어. 그러니까 이제 노인들도 조금 뭐를 같이 배우고 모여
서 하는 이런 거를 조금 하면 너나 할 거 없이 두뇌 개발도
되고 그럴 텐데. 치매 예방하고 그런 어떤 시스템이나 교육
같은 게 좀 있으면 좋겠더라고. 그리고 나는 이제 뭐를 이야
기하고 싶었냐면 솔직히 엄마들이 자식들 있어도 자식들한
테 속 이야기를 못 해. 또 걱정할까 봐. 나도 그렇고 애들한
테 편하지가 않아서 그런 심리적인 그런 게 있거든. 그리고
솔직히 형제간들한테 다 말 못 해도 복지 선생님들이 오히
려 대화하고 속엣말 터놓고 하는 건 오히려 나아. 막내딸 같
고. 오히려 나은데 이제 내가 느끼는 것은, 선생님들은 이게
자기 일이니까 의무적으로 하지만 내가 이러면 어떻게 보면
따지는 거잖아. 이런 게 서로 허물없이 좀 통할 수 있고 소통
이 될 수 있는 그런 시스템이 좀 계속됐으면 좋겠다 하는 그
런 아쉬움이 있어.

어떤 사회적인 도움을 받을 수 있는지 우리는 다 모르니

까, 또 선생님들은 또 그런 제도를 우리보다는 많이 알잖아. 그래 그런 제도들이 있으면 좀 도움을 줄 수 있는 코드를 또 연결해 주면 도움이 되지 않을까 싶더라고요.

평생 일을 할 수 있는 그런 것들이 있어야 노년이 정말 다채롭고 풍요롭지. 내가 아는 언니는 아침 9시쯤 학교에 가잖아. 가서 급식 퍼주고 하면 그래도 한 달에 30만 원 돈 받잖아, 노령연금도 나오고. 그런데 내년에 언니가 80세가 되면서 그 일을 못 하게 되나 봐. 그 언니는 그렇게 하니까 도움도 되고 또 사람이 자기 일거리가 있어서 정신적으로 그게 활력도 생긴다고 조금 힘들어도 그 소리는 하더라. 건강만 하다면 그런 시스템이나 그런 저기가 국가에서 좀 많이 만들어 줘야 되는데 그게 안 돼.

그리고 나는 좀 장애인들도 위축되지 말자고 말하고 싶어. 같은 국민으로서 이 사회 이 나라의 구성원이기 때문에 위축된다거나 주눅 들지 말고 정말 한 인간으로서 사람답게 당당하자. 시각을 좀 달리 해줘야 되고 장애인을 무시하고 경시하는 그런 시각을 버려야 되고 또 본인도 장애인 아니고 비장애인이라고 장담할 수 없는 거야. 언제나 사회적 약자는 누구나 다 될 수 있는 거야. 장애인이라고 무시하는 말을 하는 사람들에 대해서도 꼭 말하고 싶었어.

오늘 자기들 뭘 한다고 용산에서 데모하는 거라, 지하철 타는 거 그런 것 때문에. 근데 이제 장애인들도 너무 어거지로 해서는 또 안 되고. 장애가 자랑스러운 건 아니지만 그렇다고 멸시받을 수 있는 것도 아니잖아요. 예를 들어서 물건 사러 갔다가 한 번씩 물건 본다고 다 사는 건 아니잖아. 그래서 내 한계선에 좀 맞지 않다 싶어서 안 사고 올 수도 있잖아. 그러면 어떤 사람들은 그걸 무시한다고. 병신 육갑하네, 뭐 어쩌고 막 이러면서 경시하는 소리를 하잖아. 혼잣말로. 그럼 나는 지금 당신 뭐라고 그랬어? 그때부터는 이제 내가 존대를 안 해주는 거야. 당신 지금 뭐라고 그랬어, 야! 그러고 이제 무시하지 마라 이거야. 무시하는 소리인 줄 알지. 혼잣말로 했지만 그게 지 내면 속에 지금 다 있는 거잖아. 그 내가 뭐 하는 거야 당신도 큰소리 못 치고 당신도 자식, 손주 있을 거 아니냐 어디서 입찬소리하냐? 사람 내일은 모른다. 어디다 대고 그렇게 막말을 해. 그래서 "야, 니 눈에 내가 외관적으론 장애인이지만 니는 내면의 장애인이다" 하고 말해.

사람 장담 못 한다고 그랬지, 만나면 그거를 미안하다고 깨닫는 사람이 있는가 하면 정말 무지한 사람은 그것도 못 느껴. 삶이 그랬으니까 자기가 살아온 삶이 얼마나 퍽퍽하고 저 정신세계가 그렇게 허허벌판이면 그 소리가 입으로 나오냐. 정말 불쌍하다. 니가 더 불쌍하다고 생각해.

김애자 님을 만나고

김현숙

  3차 인터뷰까지 마치고, 찻집 창문 너머로 쏟아지는 비를 함께 바라보았다. 비가 그치기만을 기다리다 창문 앞에 정갈하게 잘 가꿔진 화분들을 보니 서로 기분이 좋았다. 식물을 가꾸고 기르는 것에 기쁨이 있음을 이야기 나누다 보니, 싱그럽고 건강한 화분들이 마치 어린 시절 사랑받은 김애자 님과 닮아 있어 미소가 절로 지어졌다. 그 사랑과 보살핌 덕분에 힘든 순간순간에서도 '나는, 되는 사람이니까'라는 존재에 대한 긍지로 지금까지 살아 내지 않았을까? 청자가 만약 김애자 님의 삶을 똑같이 살아 낸다면 어땠을지 감히 엄두를 내기 힘든 순간이기도 했다.

  김애자 님께 요즘 삶의 원동력을 한 가지 꼽는다면 무엇인지 질문하자 1, 2차 인터뷰에서도 잠깐 이야기한 불교에 대해 이야기를 꺼냈다. 남묘호랭교(남묘호렌게교)를 영접하고 있다고 하였는데, 친척 형님의 믿음 생활을 보고 처음에는 완강히 거부했다고 한다. 그러다 무엇인지 제대로 알고 싶어 꾸준히 공부하다 보니 지금 자기 삶의 중심이 되었다고 한다. 그 종교에 대해 설명해 주었지만 처음 접한 청자가 어렵기도 했고 이해하기 힘든 부분들이 있었다. 하지만 현재 삶에 큰 힘이 되고 있음에는 분명해 보여 다행스러운 마무리가 되었다.

인터뷰를 통해 김애자 님의 강인한 주체성은 삶의 큰 자산이 됨을 다시 깨닫는다. 청자 역시 삶의 전환기 앞에서 스스로를 돌보고 가꾸는 일에 힘쓰고 싶다는 긍정적 기운을 얻는다. 살아 내주어 감사하고, 남아 있는 삶 안에서도 평안하길 응원한다.

최수진

김애자 님의 이야기를 듣는 내내 이런 상상을 했다. '이 이야기를 영화로 만든다면 주인공은 누가 적합할까?' 끝내 현역 배우 그룹에서는 찾지 못했고 결국 김애자 주연으로 귀결되었다. 대구에서 출발해서 창원, 제주도, 서울 강남을 거쳐 서울 중랑에 당도하는 동안 일어났고 감당해야 했던 폭풍 같았던 일들마저도 품으려는 큰마음 앞에서 내 미래도 한번 슬쩍 끼워 넣어 본다. 사건이랄 수밖에 없는 그녀의 과거사를 두고 그 마음들이 다 어땠을까 하는 지나간 안타까움도 있었지만, 아직도 여전히 큰 그릇이고픈 그녀의 욕구를 마을에서 어떻게 품고 함께할지에 대한, 궁극적인 안전한 공동체에 대한 고민을 하게 되는 계기가 되었다. 갱년기를 보내며 노년을 어떻게 대비할까 하는 고민을 하던 청자의 입장에서, 당당하고 주체적이며 여전히 삶의 주인공이고픈 김애자 님의 이야기는

15년 뒤 청자의 모습을 마음껏 상상하게 했다.

장대비가 쏟아진 어느 날, 세 번째 인터뷰를 위해 중화역 3번 출구 앞에서 기다리고 있었다. 건너편에 서 있는 청자를 보지 못하고 다시 집으로 되돌아가려는 김애자 님을 급하게 불러 만날 수 있었는데 그때 그의 표정은 분노와 모멸감과 당혹감으로 가득했다. 동네 길이지만 집 주변 외에는 다니기 어려운 상황에서 비 오는 날 동네의 전철역 출입구를 찾는 일은 생각보다 어려웠고, 쉽게 이용하던 전철 출입구를 찾지 못했다는 사실이 김애자 님에게는 또 하나의 난관이 되었을 것이다. 정책과 제도에는 날 선 비판을 스스럼없이 할 정도로 명석하지만, 일상생활에서는 누군가의 도움이 절실히 필요한 김애자 님이 마을공동체 안에서 순조로운 관계 맺기가 이뤄지기를 간곡히 바라본다.

김용순 님 구술

이렇게 막 판치고 살았는데

대담 및 기록

강근정 · 이슬기

김용순 님

2022년 현재, 만85세.

    1937년, 7남매 중 다섯째로 태어나 충북 영동에서 유년 시절을 보냈다. 스무 살쯤 남편과 함께 상경하여 동작구 상도동에서 오랜 기간 거주하였다. 중화동으로 이사 온 지는 2년 정도 되었고, 반지하 집에서 혼자 살고 있다. 현재 틀니가 잇몸에 맞지 않아 고생이다.

"아침에 일어나면 나갈 데가 없어"

서울 온 지 오래됐어요. 스무 살은 좀 넘어서 왔어. 결혼해서도 살고, 언니들이 여기 살고 동생도 여기 있고 그러니까 여기로 오게 되더라고. 여기서 쭉 살았으니까 다들. 남편 직장이 서울에 있었고. 나도 남편도 영동 사람이에요. 영동에서는 시어머니하고 같이 살았지. 시어머니는 고향에서 돌아가시고. 나 시집살이 안 했어요. 내가 잘했지. 시어머니가 칭찬해 줬다고. 잘한다고, 인정도 많고 뭐든 잘하고. 지금은 다 떠났어요. 사는 곳도 떠나고 잊어버리고, 이제 늘 이렇게 나이 먹으니까. 여기 중화동 오기 전에 저쪽에 상도동 살 때는 숭실대 있는 데 거기 살았어요. 저쪽에 살다가 여기 온 지 얼마 안 됐어. 오래 살았어요. 거기 살아서 더 재미도 있고 재미있게 살았는데 여기 오니까 그냥 더 나가기 싫고. 우리 막내동생 지 작은 아들이 미국에 사는데 걔가 샀대. 이거 여기 집을. 아파트 짓는다고 해 가지고요. 그러니까 이제 동생이 일로(여기로) 나 끌고 온 거지. 말하자면 동생 집이죠.

상도동에서는 친구도 있고 뭐 재미있게 살았어요. 그런데 또 돌아가신 양반이 둘이나 되고. 이제 나이 드니까. 나이 안 들어도 돌아가시는 분은 또 돌아가시더라고. 거기선 재밌게 살았네요. 이제 밖에 나가기도 싫고. 그쪽에서는 집도 좋았고. 다 그런데 어떻게 다 실패해 가지고. 날아가 버렸어. 살

림이고 뭐고 안 갖고 오고. 동생이 걔들이 쓰던 거 갖다 주
고. 여기서는 아침에 일어나면 나갈 데가 없어. 여기 이렇게
앞에 가게나 갈까. 상도동 거기 가면 갈 데가 많아요. 이사
온 지 2년 정도 됐어요. 섭섭은 않아. 동생 말 듣고 그냥 왔
는데 재미가 없더라고. 언니 돌아가시지 않았으면 그냥 맨날
내 집같이 가고 그랬는데 그 양반도 떠나고, 갑자기 떠났어.
저기 다 가버렸어. 사촌 오빠 하나가 거기서 살았어요. 오늘
온다고 그랬는데 모르겠네. 거기 살고 그래서 왔다 갔다 잘
하고 그랬네. 언니들도 다 저세상 가고 이제 그러니까 더 재
미가 없고. 슬픈 생각만 나고. 울기를 잘해. 그래서 울기를.
한 번 가면 그만인데 그래서 자꾸 생각이 나.

우리 오빠가 재산이 얼마나 많았는데. 땅이 많아. 집도 우
리 집에. 동생들 앞으로 자기 앞으로 있는 거 아유 지금 생각
하면. 다 팔아먹고 떠났어요. 그런데 마음이 너무 고왔어요.
우체국에 다니면서 사무보다 배달하는 게 더 좋대. 우리 오
빠는 또 인물도 좋고 전봇대라 그랬어요. 키도 크고 인물도
좋고. 김 씨는 마음이 다 곱다고 그러는데 특히 더 그래요.
그래 가지고 다 고생을 했어요. 고스톱도 그렇고 옛날엔 노
름 많이 했어요. 그 좀 저기한 사람들은 노름했는데 우리 오
빠는 노름에다 술까지. 우리 아버지가 아들이니까. 위로 딸
많은 아들이거든. 세상에 없는 아들이고. 얼마나 곱게 자랐
는지, 학교 다닐 때도 얼마나. 대학교까지 나오고 그때 대학
교 다닌 게 우리 고향엔 셋밖에 없었어.

그런데 요즘 젊은이들은 뭐 고스톱 치고 이런 거 모르겠네. 그전에는 모이면 화투 쳤어. 10원 내기, 재미로 이제. 나도 화투라면 그냥. 그 화투 말고 고스톱 말고 그전에는 민화투 있고, 또 육백. 처음에는 민화투를 많이 쳤거든요. 그런데 육백이 있었어요. 방법이 또 따로 있고, 하하하하. 거기 또 이제 사촌이 살았는데 사촌이 그렇게 잘해 가지고 집안에 무슨 때면 다 모였어요. 형제들이 다 모여. 얼마나 재미있는지 화투 치면 밤을 후딱 새고. 그거 쳐버리면. 심심하면 뭐 떼는 거 있어요. 그런 거 한번씩 하고. 이제는 화투 치는 사람 없어요. 옛날엔 모이면 화투야. 이제 하기도 싫고, 그냥 모이기도 싫고 그래요.

"송해 양반, 백수 한다고 그랬어요"

젊을 때는 우리 어머니 솜씨가 좋으셔서 음식이고 뭐고 입는 것도 다른 사람 안 입어본 것도 나는 다 입어보고 그랬어. 그전에는 잘 살았어요. 그런데 우리 아버지가 무서워. 그냥 딸은 우습게 알고. 아니 막 우습게 알기보다 우리가 무서워했어. 그런데 우리 아버지는 아유 소문났는데. 어릴 때 운동 같은 거 좋아하잖아. 그렇게 오빠들이랑 놀고 그랬는데. 우리 아버지는 그런 거 하면 '아무개야, 아무개야' 부르고. 아버지한테 혼나서 못 해. 오빠 언니 셋, 이제 나 바로 위 언니 하나만 살아 있고 동생 둘 있고 그래요. 난 다섯째. 남동생 둘은 업고 키웠죠. 우리 막내가 그러니까 열 살 차이. 여기 군자 살아요. 자주 왔는데 코로나 때문에 그렇고. 우리 동생의 아들. 동생 아들이니까 조카지 나는 고모고.

　오늘 올 거야. 나 보러 궁금해서 이제 가끔 와요. 선생이니까 학교 선생. 그전에 자주 다녔는데 요즘 날도 덥고 여기까지 오기 힘들고 그러니까 매주는 못 와요. 한 달에 한두 번 정도. 걔 오면 막 문고리 다 닦으러 다니고, 나도 닦으라고 그러고. 마스크 꼭 끼라 그러고. 얼마나 정갈한지 뭐 까다로워. 청주 동생하고는 다섯 살 차인가 그래. 내 위로 바로 하나 남은 그 언니도 자주 못 봐요. 인천에 사는데 오라고 그래도 못 가고 나도 가기도 싫고. 움직거리기도 싫고 그래요. 몇 달 전에 큰 언니도 가고 다 갔어, 떠났어 오빠도. 동생 둘하고 언니 하나 남았어. 나이가 먹어서. 내가 나이가 벌써 팔십이 넘었는데. 돌아가신 양반도 생각나고. 그런데 그 떠나간 양반들 더 생각이 나요. 가만히 있으면 그냥. 그전에는 그냥 왔다 갔다 하고, 요 큰언니 몇 달 전에 간 양반은 요기 봉천동 살았는데. 전화도 자주 하고 나한테 맨날, 나 입이 짧고 그러니까 뭘 잘 먹냐, 잘 해먹으라고 걱정이 돼서. 입이 짧아요 클 때부터.

　내가 보고 싶어서 다 저렇게 사진 액자에 넣고서 봐요. 그전에는 저렇게 어울려서 잘 다니고 그랬는데 지금은 오도 가도 안 하고 살아요. 지금 코로나 때문에 더 그렇고 또 이렇게 다 돌아가시고 그러니까 허전하고, 그냥 사진이라도 이렇게 보고, 애들이 그렇게 잘하고 그랬는데 이제 다 멀어졌어요. 여기 오면 대부분 갈라고들 그러지, 요즘 자려고 안 하더라고. 조금 불편하지. (사진이 걸려 있는 안방으로 이동) 얼마 전에 돌아가신 양반. 아이구 이렇게 돌아가셨어. (사진을 가리키며) 애 엄마 그러니까 우리 언니 딸. 여기 이제 우리 동생. 살아 있다는 게 이 언니. 우리 여기 막냇동생. 이거 제 마누라. 저거 막냇동생 아들 결혼할 때 찍은 사진. 애는 서울대 나와서 아들 둘인데 둘 다 서울에서 있다, 하나는 미국 가고, ○○대학교 교수고 그래요. 우리 선생이 아주 유명해서 똑똑했어, 학교 다닐 때. 애 엄마가 우리 언닌데, 마음 쓰이는지 매일 전화하고 그랬어.

돌아가셨는데, 그래서 하루라도 안 울 때가 없어요 내가. 그냥 '뭘 먹어라, 먹으러 올래, 뭐를 사서 해먹으라' 그렇게 전화를 하더니 그렇게 안 갈 줄 알았더니, 구십여섯인가 갈 때 되니까 그렇게 떠나더라고. ○○○교회 다니는데 얼마나 교회를 잘 믿고 백수도 넘어 산다고 그랬는데 또 그렇게 가네. 몇 달 됐어. 나도 얼마 안 남았어요. 그 언니가 제일 나도 좋았어요. 나도 그 언니를 많이 챙겼지. 오빠고 언니고 잘했어요 나한테. 나도 잘하거든. 근데 지금은 이제 뭐. 그 위에 또 언니가 있어. 그 언니하고는 차이가 많이 나죠. 내가 조카애들, 어린애들도 참 좋아해.

명절에 어디로라도 갔는데 요즘에는 아무 데도 안 가. 올해도 안 가고. 큰언니가 오라고 그래도. 전화 왔더라고 저 언니 아들이. 걔도 잘생기고, 직장도 좋고 그래서, 여기 오면 이모라고 부르며 여기서 그냥. 어릴 때 재들을 이뻐하고 그랬으니까. 내가 좀 그런 게 있었어요. 보기는 뭐 찬 것 같은, 남이 볼 때는 말도 잘 안 하고 그러는데, 조금 저기 하면 재미있게 애들도 이뻐하고. 내가 지금도 재 손자들 조그만 애들 있으면 그렇게 이뻐. 이렇게 사는 날까지 사는 거지. 죽는 날이 가깝잖아. '송해 양반 백수 한다'고 그랬어요. 나는 그거 많이 봤어요. 노래자랑도 그렇고 왜 일요일 날은 꼭 했거든요. 그런 거 잘 봤는데. 모두들 그 양반 '백수 한다, 백수 한다' 얼마나 재미있었나. 젊은 사람들은 모를 거야. 참 재밌지, 아주 재밌어. 나는 진짜 그 양반 돌아가시고 많이 울었네, 진짜. 그런데 그렇게 가신 거 봐요. 나이 먹고 다 떠났어요. 이제 그렇게 아셔(아쉬워).

그의 침대 머리맡에는 동생이 적어준 위급상황 연락처가 붙어 있다

"다 잊어버려 갖고… 누구 만나기 싫다"

눈썹 문신 이거는 옛날에 젊을 때 한 거지. 젊을 때 피부 좋다는 소리 많이 들었어요. 눈도 그전에 이렇게 하라고 그러는데 눈. 쌍꺼풀 안 한 거 지금 후회 들어요. 나 못생겼죠 뭐. 이렇게 처졌어요. 그전에는 안 처졌거든. 이렇게 다 빠져서 머리도 없어요. 머리가 나오면 붙어서 두건을 쓰고 있어요. 안 그러면 꾹꾹 찌르고 그래서. 기를 때는 매고 그랬었는데 잘라버렸어요. 감기가 귀찮더라고. 머리가 기르니까. 맨날 감고 싶은데 감기 싫어서 이제 하루걸러 하루씩 감아요. 요새 날이 더워서 어떨 때는 하루에 두 번도 막 감는데 귀찮아 그래서. 여기 이 집이 그렇게 덥지는 않은데 요새 덥더라고. 난 에어컨은 잘 안 틀어요. 그냥 선풍기 틀고.

그전에는 한복도 싹 예쁘게 해서 입고 여름에도 모시로 싹 해서 입고, 양산 받고 가면 우리 재가 골랐다고 그랬는데. 지금 소용없어요 이제, 하하하하. 원래 얼굴은 못생겼어요. 우리 바로 위 언니도 늘 좀 못생겼다고. 얼마 전에 돌아가신 양반 그 언니가 많이 나를 챙겨줬어요. 젊을 때가 그게 좋아. 부산도 가고 어디도 가고 어디도 가고 많이 갔는데 요즘에는 몇 년 간 데가 없어. 가고 싶은 데도 없어. 지금 나가려면 뭐 발라야 되고, 옷도 갈아 입어야 되고, 그런 게 귀찮더라고요. 세수하면 뭐 바르기도 싫어. 화장품도 다 줘버리고 이제 없어, 지금은. 동네친구들은 얼마나 좋고 우리집만 끓었어요. 사흘토록. 이제 안 나오고 싶고, 멀어지고 전화 가끔씩 한 번씩 하고, 여기 살다가 또 지들 고향에 이사 가서 접 때 전화 왔는데 누구냐고 자꾸 그래서, "아휴, 난 몰라 몰라, 누구야!" 그랬는데 나중에 이제 목소리를 알았어요. 전화를 몇 번 걸었는데도 내가 못 받았다고 그러면서. 나랑 동갑인데 강남에 살다가 이사 갔는데, 지금 고향으로.

나 자꾸 여기 어느 동 어딘지 다 잊어버려 갖고, 이렇게 병신이 됐어. 그래요 그러니까 누구 만나기 싫다. 그전에는 모이면 다방에 많이 갔어요. 친구들하고. 놀러 가면 이제 모일 때 피부도 곱다고 그러는데, 피부도 다 망가지고 이 꼴을 하고 어딜 다니냐 내 마음이 그래. 귀가 좀 어두워요. 젊을 때 같지 않고 사는 것도 잊어버리고 그래. 이해들 해줘요. 배우기도 싫고 그래요. 글씨도 애기들 같이도 못 써. 손이 이래 갖고 못 써. 나 같은 사람 없을 거예요. 이런 것도 제대로 못 쓰고. 우리 학교 다닐 때는 일본 시대 때 그때 학교도 못 다니고 6·25 때 사변 나서 또 그냥 이제 나이 먹고 그러니까 손도 떨리고 글씨도 못 써. 손도 쭈글쭈글해 가지고. 지금 입고 있는 것도 입던 거니까 이렇게 입고 있는 거지. 고우라고 입은 것도 아니야. 그냥 훌렁하면 또 빨아야 하거든, 그래서 그냥 입고 있는 거지. 지금 입은 빨간 거 좋아서 입는 거 아니에요. 잘 어울려? 근데 난 검은 거 좋아해요. 까만 거 곤색 같은 거, 이런 검은색을 좋아하지. 요즘은 이런 얇은 거니까 내가 이제 목욕하면서 빨아. 요즘 빨 게 없더라고. 세탁기 들어 갈 게 없어. 그냥 하루 입었어요. 하루 이틀 있다 빨아야 되거든. 이런 거 이렇게 주워 입고 그래요.

창피해 죽겠네. 사 입는 것도 뭐. 사 올래도 내가 못 사 오게 하고 그래요. 아니 조카딸이고 누구고 뭐 사 온다고 그러면 사 오지 마 야. 절대 사 오지 마 야. 있는 거 지금 옛날 거 입어도 또 이제 안 어울리고 그냥 집에 있으니까 아무거나 주워 입고 그래. 그래서 뭐 다들 나이 들었으면 좋은 것도 사 입고 멋 내고 그러는데, 나는 절대 사는 거 사지 말라 그래. 우리 동생이 저것도 사 오고 이런 것도 사 오고, 막 사 오지 말라고. 청소하는 거. 막 사 온다고 사 오지 말라고. 뭐라고 그렇게 돈 들이냐? 내가 오늘 죽을지 내일 죽을지 모르는데. 몰라 나 이렇게 지금 정신이 그렇게 됐어요. 옛날엔 옷도 이쁘게 입고 가서 그냥 교장 선생이 이거 뭐냐. 우리 어머니가 예쁘게 입히고 옷들도 다 이렇게 막 구질구질하게 안 살았거든 클 때도. 나는 바느질도 잘했고 한복도 잘해 입고 그전에는. 뜨개질이니 수놓는 것도. 그냥 클 때도 저 중매쟁이가 얼마나 들른 줄 몰라 나를 데리고 가려고. 손재주도 좋고, 클 때는 얌전하고 그랬어요. 다 이제 끝났어.

"옛날에는 진짜 해삼 같은 것도…"

이거 내 이는 참 좋았거든 처음에. 이가 좋아서 뭐 옛날에는 진짜 해삼 같은 것도 쫄깃한 거 초장 찍으면 맛있고. 그거 먹어본 지가 벌써 인제 뭐. 틀니를 했는데 잘못돼 가지고. 아파서 뭘 먹지를 못하고 빼고 있어요. 나갈 때만 끼고. 저기 뭐야 대학병원에 가서 하라고 그래서 거기서 하느라고 몇 번을 다녔는데도 잘못되고. 수요일에 또 가야 해, 또 오래. 내가 직접 막 지랄을 했어 그래서. 아니 내가 불편해서 다시 좀 봐달라 그러는데. 근데 또 며칠날 오라 그러고 며칠날 오라 그러고, 가면 돈을 또 내야 해. 또 돈 내라 그래서 나 돈 안 가지고 왔다고 돈 없다고 그랬어. 아니, 제대로 해줬으면 내가. 속상해. 나 이 때문에 고생 많이 해요. 안 맞아요. 이가 아프고. 그러니까 자기네들은 뭐 어쩌고저쩌고 그러는데. 뭐 이런 거를 먹지를 못해. 끼면 아파 갖고. 연습을 하라고 그러는데 끼고 연습을 해도 안 되고 빼버리는 게 더 편해요. 말소리도 제대로 안 나오고. 먹고 싶지도 않아.

그전에는 또 야문 걸 좋아했거든. 버스 타고 저 멀리 가려고 오징어 말린 거를 심심하니까 차에서 먹고. 그런데 뭐 그런 거고 저런 거고 지금 생각도 안 하고 먹고 싶지도 않고. 그냥 몸 생각해서 먹지. 뭐 먹고 싶으면 그것 좀 사 먹어야지, 이런 마음은 없어. 나는 사 먹는 걸 좋아하지 않아. 집에서 뭐 이렇게 뭐를 추어탕이나 그거 하고 집에서 먹지. 그러니까 잘 해 먹고 그러지 않고 한 바가지를 이렇게 동생이 가져와요. 그거 그냥 둘이 먹고. 물에다 말거나 죽 같은 거 끓여서 먹고 이렇게 슬슬 긁어서 믹서기에 갈아 먹으면 되는데 귀찮아 가지고. 요리도 뭐 젊을 때는 그랬는데 지금은 하기도 싫고 먹는 것도 그렇고. 사는 것도 사는 것도 아니고.

홍시는 잘 먹어요. 원래 감을 좋아하는데 말랑하니까. 영동에 감이 많잖아요. 감이 좋고 밤, 밤 같은 거 삶아서. 딸기도 말랑하니 괜찮은데 뭐 먹고 싶고 그런 건 없어. 옛날에는 바나나 하나에 천 원씩 하고. 우리 지금 있는 언니하고 저 남대문 동대문시장 갔는데 바나나 조그만 거 못생긴 건 팔백 원이고 그랬어. 바나나가 귀했고, 그거 아는 사람도 없었어요. 먹어본 사람도 없고 그전에 진짜. 지금도 동생이 사 와요. 말랑하다는데. 난 안 좋아했어 바나나. 억지로 먹는 거예요. 그전에는 그 애들이 사 오면 냉동에도 넣어놨다가 나중에 내려서 먹으니까 말랑말랑하니 괜찮더라고.

○○대 병원 치과 거기 가서 몇 번을 다시 했나 몰라요. 그래서 막 우리 동생은 좀 자꾸 이렇게 연습을 하라고 그러는데 안 되더라고. 그전에 한 게 안 좋아 가지고. 틀니 아랫니만 할라 그랬는데 위에까지 다 해야 한다더라고. 이가 갑자기 그런 게 아니라 점점, 그러니까 관리를 했어야 되는데 젊을 때는 그렇게 관리를 안 해. 근데 나는 더 관리를 안 했어요. 관리를 해야 되는데. 그러니까 이제 막 하나씩 빠지고 어쩌고 하다 보니까 그렇게 됐지. 몇 년 됐어요. 십 년 됐나. 때(끼니)는 꼭 먹어요. 약을 먹기 때문에 빈 속으로 먹을 수 없잖아요. 그러니까 꼭 먹어요. 조금씩, 많이는 안 먹어도. (테이블 위에 놓여 있는 약통을 보여주며) 이게 아침에 먹는 거예요.

다리도 쑤시다가 발목이 좀 아플 때 있고. 머리 아프고 그냥 뭐, 나이 먹으니까. 이게 그전에 ○○대 병원에 동생이랑 처방해 가지고 떨어지면 또 가서 사 오고 그래요.

"이렇게 와주면 얼마나 좋아"

일찍 일어나요. 잠이 그렇게 안 와요. 더워 가지고. 끈적끈적해요. 여기 집 앞 골목을 내가 쓸어, 아침에 일어나서. 여섯 시에 일어나 시원할 때 쓴다고. 누가 안 쓸더라고. 여기 물구멍이 꼭 요만해요. 첨에 이 집으로 이사 오고 비오니까 물이 요까지 차서 막 여기 들어올라 그러대. 그래서 저기 청주 갔다 왔네, 동생네 집에. 작년인가 언제. 비 오면 막 물이 이렇게 들어와요. 그렇게 내가 뚫어 갖고. 좀 귀찮았는데, 그래도 위험하더라고. 요즘 더우니까 더 안 나가네. 어제 뭐 씻고, 수건 같은 거나 좀 빨고. 아니 그전에는 많이 만나고 친구들도 만나고 우리집 와서 이렇게 막 판치고 살았는데, 다 모이고 그랬는데. 이제 저는 그런 게 점점 다 떨어져 나가고, 친구들도 집으로 다 가고, 죽는 사람도 있고, 뭐 그냥 이제 내가 이렇게 살다가 죽지 이런 생각. 며칠 전에 어디 갔다 왔나 그것도 자꾸 잊어버려. 아니 나는 지금 자꾸 잊어버리고 그런 생각도 잘 알아듣지를 못하고, 우리 또래가 그렇지도 않은데 나는 그래요. 우리 정도면 그렇게 안 그러는데 나는 그래. 그러니까 누구 만나기도 싫고. 나오라 그래도 뭐 여기 어디 놀러 나오라 그래도 안 나가고 그래요.

내일 추어탕 먹으러 오랬는데 10일 날. 주민센터에서 어제 전화가 왔더라고. 그런데 조카가 온다고 그래 갖고 안 오면 가고 오면 못 간다고 그랬어요. 거기서 직원 하나가 그렇게 잘해요. 이제 오기도 하는데, 나더러 거기도 안 온다고 뭘 가지러 한번 오라고, 마스크인가. 만나면 뭐 하나라도 마실 거 주면서. 키도 크고 잘생기고 해 사람이. 그날도 가니까 삼계탕 먹으러 꼭 와야 된다고. 내가 연락한다고 그러니까 또 여직원 시켜서 나한테 나오라고 연락하라 그랬나 보더라고. 저기 뭐야 부녀회장, 부녀회장이 참 잘해요. 물김치도 담가다 주고. 나 그런 걸 좋아하는데. 잘 담가 먹었는데, 이제 그것도 하기 싫어서 안 해. 뭐 특별한 거보다는 맛있더라고. 내가 물김치를 통으로 담가서 꼭 떠먹으면 밥이 넘어가. 고기는 원래 클 때부터 싫어했고, 그냥 곁에서 생기면 또 이렇게 먹고 그랬어요.

동생이 간장 된장 담가 먹으니까 가져와요. 그것만 해도 뭐, 된장찌개 같은 거 좋아하고 나는 두부도 사 올 때 ○○○ 두부라고 말랑말랑한 게 맛있더라고요. 저번에 올 때 그거 사고 이번에 계란 사 오고 뭐 이랬지. 참외 이렇게 긁으면 보드랍거든요. 옛날에 생채 같은 거 해 먹었어. 그전에는 그렇게 해 먹었는데 이제 하기가 싫어서. 하기가 싫고 먹기도 싫고 그래. 그래도 내가 뭐 조금씩 해 먹으면 되는데, 우리 동생은 뭐 먹어라 이런 소리 하지 말래요. 나 귀찮고 그런다고.

뭐 절대 밥 먹으라고 그래도 안 먹어. 그전에는 누님이 해 준게 제일 맛있다고 먹고 그랬는데. 지금은 그래서 해 줄 생각도 안 나고. 주민센터에서도 누구 와서 먹으라 소리하면 막 그러지 말라고 그래요. 나는 그냥 안 보내. 누가 오면 막 이렇게 챙겨서 보냈지. 내 성질을 잘 알거든요.

이렇게 와주면 얼마나 좋아. 그런데 이런 것도 힘들고 그래서 아유, 나 누구도 오지 말라 그래요. 그리고 내가 몸이 안 좋고, 말하면 목소리가 안 좋고 그렇잖아요. 막 가래도 나오고. 그러니까 요즘 코로나는 또 그렇다고 그래요. 나더러 우리 군자에 사는 동생이 누구보고도 오지 말라고 그래요. 걱정을 많이 해요. 나 운동 안 한다고 맨날 그래. 아침에 잠 안 오니까 일찍 일어나 갖고 여기 뺑 돌아가서 쓸어서 저기 한 바퀴 돌 때도 있고 그러는데. 저쪽에 장미꽃 피는데 거기 가서 한 바퀴 돌고 오고, 초라하니 그냥 그러니까. 너무 더워서 아침에 나오면 씻기 먼저 해야 돼 그냥. 아침에 싹 씻으면. 사과를 쪼개서 아침에 갈아 먹으라는데 귀찮아서 내가 안 갈아 먹어. 커피는 꼭 먹어요. 아침 저녁으로. 아침 먹고 나서 한 잔 먹고, 점심 먹고 나서 한 잔 먹고. 이러면 좀 개운하더라고, 마음이 개운해. 또 이렇게 드나들고 하니까 내가 좀 이렇게 힘이 나더라고.

김용순 님을 만나고

강근정

　구술생애사를 통해 김용순 할머니를 만나면서 내 주변 사람들을 더 살피게 되었다. 대학 때까지 할머니와 한집에 살았다. 그래서 할머니는 나에게 친근한 존재다. 6·25 때 피난 내려온 할머니와 함께 삶의 공간을 영위하면서 한 개인의 삶 속에 역사의 흔적이 남는다는 것을 배웠고, 인간의 생로병사를 자연스레 받아들이게 되었다. 집에 드나드는 다양한 사람들을 통해 다양한 인간 군상을 확인했고 그 속에서 그들의 고유한 인간 존재로서의 특성을 이해함과 동시에 상대에 맞게 대하는 행위가 몸에 배었다. 많이 가까운 사이는 아니었지만 나름의 친밀감이 있었는지, 한동안 잊고 있던 할머니를 향한 나의 마음과 태도가 김용순 님과의 생애구술 인터뷰를 통해 내몸에서 다시 살아났다. 목청껏 크게 말하고, 좋아하신다는 음식을 보면 할머니가 매번 생각나 챙기게 되고, 무엇이든 말씀만 하시면 몸이 움직여서 성의껏 심부름을 하는 나의 몸, 서로를 있는 그대로 바라보며 필요한 것들을 살피고 사사건건 물어보는 현재의 나는 생각보다 많이, 상대를 향한 친밀감을 표현하는 사람이다. 어릴 적, 할머니와 함께 살면서 자연스레 만들어진 '나'이다. 30여 년을 지나 김용순 님과의 만남을 통해 내 몸이 그 감각을 다시 살려냈다. 이 감각을 동네 어르신들과 함께 나누며 공생하면서 사는 삶을 꿈꿔 본다. 이번 구술생애사 작업이 그 시작이었으면 한다.

김용순 님은 코로나로 인해 다른 이가 집에 오는 것을 조심스러워하시고 잘 들리지도 않고 여러 가지로 귀찮음을 표현하시면서도 "이렇게 와주니 얼마나 좋아" 하시면서 해맑게 웃으며 손잡고 포근하게 안아 주셨다. '인생 뭐 있나? 이렇게 주고받으며 사는 것이지'라는 일상의 행복을 순간 느끼게 해주셨다. 중랑구에서 시도하는 지역 돌봄에 대해 여러 가지로 고민해 볼 수 있는 실질적인 경험을 선사해 주셨다. 구술에서 이야기되었던 부녀회장님이나 주민자치센터의 그분처럼 이주한 지 얼마 되지 않아 지역공동체와 잘 섞이지 못하는 분들에게 제공되는 지역의 돌봄과 연결은 어떤 방식으로든 확장되고 더 단단하게 연결될 수 있어야 한다. 좋은 대안을 마련하기 위해 함께 논의하고 합의해 나가는 과정이 꼭 있었으면 좋겠다.

해삼이나 오징어를 즐길 만큼 씹는 즐거움을 가지셨던 분인데 상한 이와 틀니의 불편함으로 인한 식도락의 즐거움을 빼앗기는 것이 노년에 찾아오는 당연한 수순이겠지만 이로 인해 음식물을 섭취하지 못해서 기력이 쇠하는 것뿐만 아니라 삶에서의 긍정과 즐거움을 앗아가는 중요한 요소라는 것을 알 수 있었다. 아이러니한 상황은 여러 가지 약을 드시기 때문에 끼니를 놓치지 않는다는 점이다. 이왕 끼니를 챙기신다고 하니 틀니 등 구강건강에 대한 세밀한 지원을 통해 먹는 즐거움을 잃지 않도록 도와드리는 방안을 검토해 보았으면 좋겠다. 요즈음 맛이 꽤 괜찮은 반찬가게에 들르면 물김치를 챙긴다. 해삼과 오징어를 접할 때면 문득 김용순 님이 생각날 것 같다.

이슬기

　용순 님이 중화동에 사신 지는 2년 정도 되었다. 스무 살쯤 서울로 올라와 가장 오래 사신 곳은 동작구 상도동이다. 인터뷰를 하는 동안 용순 님은 이제 무엇도 '하기도 싫고, 먹기도 싫고, 다 귀찮고, 할 줄 아는 것도 없고, 재미없다'는 식의 자기 비하와 체념 섞인 말을 자주 하셨다. 하지만 상도동 이야기를 하실 때는 달랐다. 아침에 일어나면 상도시장에 갈 수 있고, 주변에 안부 물을 친구와 지인, 친척들이 있어서 틈만 나면 모여 화투도 치고 재미나게 사셨다고 했다. 지금 살고 계신 중화동 집은 가족 중 하나가 재개발을 염두에 둔 투자 목적으로 매매하여 용순 님을 거주하게 한 것으로 보인다. 가족에게 섭섭한 마음은 없다고 하셨다. 하지만 아침에 일어나서 나갈 곳이 없고, 재미가 없다고 했다.

　나의 조모가 떠올랐다. 조모도 최근 2년 사이 재래식 화장실이 있는 옛날 기와집에서 삼촌 부부가 사는 아파트로 이사를 했다. 예전부터 가족들이 조모에게 이사를 권유했지만 꽤 오랫동안 버티신 걸로 안다. 나는 조모 집에 가면 밑에 구멍 뚫린 재래식 화장실이 불편해서 늘 잠깐 얼굴만 뵙고 왔다. 용순 님을 인터뷰하고, 조모가 그 불편한 집에서 오래 버틴 이유가 있을 거라는 생각이 들었다. 그 집의 불편함이라는 것도 사실 나의 기준이지, 조모의 기준에서는 아닐지도 모른다. 마찬가지로 아파트의 편리함도 가족들의 기준이지 조모의 기준에서는 다를 가능성이 크다. 이사를 결정할 때 조모의 의사가 얼마나 반영되었는지 나는 모른다. 사실 궁금해하지도 않았다. 혼자 계시는 조모가 이제 삼촌과 함께 계시니 안심이 되는 마음과 명절에 놀러 갈 시골집이 사라졌다는 아쉬운 감정뿐이었다.

이렇게 쓰고 보니 흔히 말하는 좋은 양로원, 좋은 요양원, 좋은 아파트에서 '좋은'은 모두 당사자가 아니라 가족의 기준에 가깝겠다는 생각이 든다. 한국 사회에서 여전히 가장 큰 돌봄을 제공하는 가족의 제안을 오래도록 거절할 수 있는 사람이 얼마나 될까? 나를 생각한 결정이라고 말하는 가족에게 섭섭함을 드러내는 일이 쉬운 일일까? 용순 님의 경우, 용순 님을 생각한 가족의 결정이었다고 보기도 어렵다. 그럼에도 용순 님은 가족이 나에게 참 잘하고, 섭섭하지 않다고 하셨다. 두 차례의 인터뷰 동안 가장 많이 하신 말씀이 '삶이 재미없고 이제 다 끝났다'는 것이었지만 인터뷰가 끝나고 외치신 말은 "아이, 재밌었다!"였다.

이번 구술을 글로 정리하면서 '말'이 아니라서 담지 못한 용순 님의 표정과 말투, 몸짓 같은 것이 있다. 구술 중 용순 님은 원래 누군가 찾아왔을 때 무엇이든 챙겨서 보냈다는 맥락에서 '내 성질을 잘 알거든요'라고 이야기하셨다. 용순 님의 본래 '성질'이 어떤지는 말씀하시는 동안 지으신 표정과 몸짓에서 쭉 자연스럽게 느껴졌다. 그게 정리한 글에는 잘 드러나지 않는 것 같아 우리가 인터뷰한 용순 님을 이 글에 제대로 담은 게 맞는지 고민이 든다. 이 글에 다 담기지 않는 다양한 이야기와 감정을 가지신 용순 님이 중화동에서도 본래의 '성질'대로 재미있게 하루하루를 보낼 수 있길 바란다. 그러기 위해서는 무엇이 필요할까?

김해숙 님 구술

김해숙이, 이런 사람이야!

대담 및 기록
이연옥 · 이정란

김해숙 님(가명)

2022년 현재, 만83세.

　1939년, 일본 교토에서 태어났다. 일제 강점기에 부모님이 일본에서 사업을 했지만 벌어들인 돈을 다 잃었고, 이후 부모님과 함께 한국으로 들어와 경남 부산에서 살았다. 자신을 엄청 아끼고 좋아했던 3살 연하인 남편과 재혼한 뒤 동대문구 망우동과 면목동을 거쳐 중화동에 34년째 거주하고 있다.

"뒷돈 없어 거지 되었다"

요즘 이상해, 자꾸 깜빡하고. 내가 저 중화역에서 내려 가지고 나오는 길이 항상 있잖아? 엉뚱한 길로 가 가지고 얼마나 헤맸는지 몰라. 그래서 학생이 하나 지나가기에 "아니 나는 태릉시장 쪽으로 나갈 낀데 여기가 어디예요?" 했더니 요리 가고 저리 가고 가르쳐줘 가지고 찾아왔다니까. 내가 팔십넷 먹으니까 몇 달 전까지는 괜찮은데 큰일났다 싶은 게 아무래도 연락할 데도 없고 내가 혼자 이리 오래 살거든요. 자존심이 있어 친구한테도 나 전화를 안 하는 사람이라 그래가 내가 살았는데, 내가 요즘 좀 이상해서 그래 걱정이야.

그래도 하나님 때문에 내가 이래 혼자 사는 거야. 교회 다니기 때문에. 저 신내동 ○○○○교회 차가 여기까지 오고 그래. 그렇게 늦게까지. 거기서 내가 다니고는 이런 마음을 비와줘서 살아. 옛날 같으면 내도 내로라하는 성격이야. 내가 저쪽 살 때까지 전세고(전세금이고) 뭐이고 아들이 돈 달라카는데 다 줬거든. 안 줄 수가 없어서 니가 다 알아서 해라고 했더니 나를 거지로 만들어 놨어, 허허허. 나는 사업하는 사람 싫어. 영감도 사업하다 털어먹고. 나는 클 때부터 이리(떠받들리면서) 자라고 일도 안 해보고 시집에서도 일을 안 했어. 내 돈 가 살았어. 그리 살다가 늙으니까 이래 되었다. 그런데 나라가 믹이 살려준다 이기라. 너무 감사해. 이리 살아서 분

한 것도 없고 아까운 것도 없고 하늘나라 갈 때까지 인자 건
강만 주세요 한다. 옛날 같으면 내 이리 몬 살아요. 저 1층에
살 때 주인이 집수리한다고 나가라꼬 해서 살림살이 다 버
리고 옥탑까지 이사했어. 그런데 너무 불편한 기라, 계단 잡
고 올라다니고 내리가는 게. 그래서 손자가 한 번 왔을 때 내
가 옥탑에 안 살란다 했지. 내가 손자 (집을) 알고 있지마는
내 자존심에 안 찾아가. 손자가 한번 왔다 가길래 아, 너는
너대로 잘 살아라 생각했어.

　내가, 게론(결혼)도 안 할라 캤는데 우리 영감이 애를 3남
매 있드라고. 아들(아이들) 어릴 때 마누라가 도망을 가고 혼
자 살아. 부산 서면에서 내가 살았거든. 3년을 쪼까대녔어.
이 애들 불쌍해서 내가 게론을 해야 되겠다 카면서 게론을
한 사람이야. 지금 사위 있고 손녀 있는 게. 이제는 피가 안
섞여서 (그러나), 며느리가 시아버지 있을 때는 동네사람이고
(뭐고) 돈이 있을 때는 이랬어(떠받들었어). 영감 가고 나서 난
거지 되고. 그래 사람 데리가면서 아들(아이들) 내가 키아서
장가 보내고 시집 보냈는데. 딸은 시집가서 병이 나서 가고,
큰아들도 하늘나라 가고, 막내아들 놈이 있는데 엄마 돈 다
털어가 중국에 가고, 며느리도 있고 손자 있는데 큰며느리
전화도 안 오잖아. 나는 키아 놓으면은 내 죽을 때까지 이럴
(떠받들) 줄 알았다, 이 말이지. 내가 바보같이 살았거든. 그래
도 아까운 거 없어. 아들놈이 내 통장에 항상 돈을 빼쓰고 다
그랬거든. 큰아들이 사업하면서 내 통장이 압류가 돼서 거지

가 되었다. 그래가 이제 뒷돈이 없다, 다 떨어지고. 그런 게 토끼띠 운명이 이거뿐인가 봐. 옛날에 친구들이 그랬어. 토끼띠는 한때는 잘 살고 한때는 못 산다고. 그기 내가 다 생각이 나는 거야.

"찾아와서 이리 대화도 해주고 안 외롭네"

통장에 한 달에 70만 원[9] 들어와. 딴 사람들은 모아가 산대. 나는, 허허허허, 옛날 습관이 있어 가지고 나는 다 써버린다 이기라, 허허허허. 부족하진 않아, 딱 되었어. 거서(통장에서) 월세 20만 원 자동으로 빠져나가고 남은 거 갖고 살아. 쌀도 한 포 들어오잖아. (부엌으로 이동하며) 여 포가 있는데 몇 키론가 보도 안 했네. 10키로야? 음, 10키로. 쌀 남으몬 나는 친구도 주고 나눠도 주고. 나는 습관이 그래. 허허. 쌀 다 못 먹잖아, 나는 쌀만 안 먹거든? 보리, 잡곡을 여 가지고, 잡곡을 많이 먹으라잖아. 당뇨가 있어 가지고 그래. 내가 이래 묵고 살아도 감사하다고 산다.

저 옥탑에서 살다가 여 반지하로 왔잖아. 살면서 불편한 건 없어. 주인한테도 물어보는 것도 없고, (서랍에서 통장을 꺼내 보여주며) 통장 여기 있다. 여 이사 오면서 깜빡깜빡하모 요걸(계약서를) 보고 그러잖아. 보증금? 아, 2백에 20, 음. 3백

---

9) 정확하게는 787,520원. 기초연금급여 307,500원과 생계급여 273,350원과 기초주거급여 200,000원과 기초주거급여 6,670원을 지원받고 있다.

아이가? 아, 난 3백인 줄 알았다. 하하. 여 2백이네? 친구들은 내 이리 사는 거 아무도 몰라. 자존심에 내가 말 안 하는 사람이거든. 복지관 친구들은 그마 만나가 얘기하고 차나 한 잔 먹고. 인자 보통 때 밥 니가 사면 내가 사고 이렇고. 옛날 얘기 안 해. 안 하고 싸이클 탈 때 얘기하고, 친구 만나몬 청량리 캬바레에 다니는 거 그런 얘기하고 그렇지. 팽생을 돈을 가 살아 가지고.

나는 항상 아침 삼시세때 꼬박꼬박 묵어야 되니까, 아침에 일나면 압력밥솥에다가 밥을 해가지고 딱 냉동에 얼려놓고, 또 렌지에다 뎁혀서, 허허. 그동안에 내가 해먹었거든. 할 줄은 알아, 하기 싫다 이기라. 그래 가지고 마, 전에는 보호사[10]가 왔어. 할 건 없지만 청소해 놓고 대화도 하고. 항상 오후에 오더라고. 내가 어디 나갔다 오면 가고 없기도 하고. 반찬 같은 거 해놓고는 가고 그게 너무 좋았어. 하루 쉬고 하루 걸러서 왔거든. 근데 그 사람이 이제 날짜가 지났다고 안 오는 거라. 그래서 내가 동사무소 어데 부탁할 데가 있나 싶어. 동사무소 한번 가서 물어보까? 사회복지 가서 물어봐야 되나? 그래 그 사람 올 때가 좋더라고. 내가 옛날부터 가만히 앉아서 먹는 습관이 있어서 이제 늙어 가지고 못 하겠어. 허허, 방식은 다 알아. 우리 엄마한테 다 배아 가지고 음식도 맛있

---

10) 김해숙 님은 한 달 동안 돌봄SOS센터 10대 돌봄서비스의 하나인 일시재가서비스를 받았다. 요양보호사가 이용자 가정 등을 방문하여 주거청소, 정리 등의 서비스를 제공한다. 만50세 이상 성인 및 장애인을 중심으로 지원된다.

게 하고 할 줄은 다 알아. 그런데 하기 싫어. 이제 와서 대화도 해주고 나는 이래 혼자 살아도 안 외롭네, 너무 고마워.

아침 먹으면 요즘은 복지관에 다녀. 전에는 (코로나 때문에) 문 닫았는데 저 면목복지관 아는가 모르겠네. 여그서 동부시장 끝에 가고 길 건너믄, 쭉 나가면은 있어. 어, 노인복지관. 거 너무 좋은기라. 그래서 거기서 점심 먹고 아는 친구들 만나서 놀다 오거든. 뭐 책도 있고 운동하는 기구도 있고 3층까지 다 있어. 다 할 줄 알아. 내가 요가할 줄 아는 사람이야. 잠이 안 오면은 집에서 요가해. (침대 위에서 누운 다음 가볍게 몸을 뒤집으며 요가동작을 취한다.) 옛날에 내가 요가선수잖아. 요가 다닐 때두 내같이 하는 사람 없었어. 그만큼 내가 유인 (유연)하다는 거야. 다 놀래요. 이제 취미가 없어졌어. 그래서 밥만 먹고 친구 만나 앉아 놀다가 와. 그런 사람이 늙어 가지고 (종아리살을 만지며) 이렇게 살이 쭈글쭈글해. 옛날에는 이게 탱탱했어. 이리 안 했어. 운동을 안 해서 그런가 봐. 그래서 내가 아, 이제 늙었구나 생각하고 있는 거야.

복지관 갈 때 딴 사람들은 큰 차가 와서 노인들 델다 주고 데리고 가고 그러거든. 나는 운동할라꼬 여기서 거까지 걸어가. 딴 사람들 몬 걸어다녀! 나는 걸어가. 그런데 살이 다 빠졌다, 이 말이야. 오늘도 미장원에 가서 머리 짜르고 염색하고 왔어. 염색하고 머리 짜르는 거 4만 원. 내가 인자 머리 칠 때만 여기 가까운 데 가고, 이리 엎드려 갖고 머리 깜기 싫어가 가까운 ○○미용실 있어. 만 원 주고 머리 깜고 드라이하고. 내가 어릴 때부터 이리 키아놔 지금까지 머리도 혼자 못 깜아. 나는 머리를 4~5일 만에 깜아. 왜냐면 게을러 가지고. 전에는 3일 만에 깜았는데 이제는 하기 싫은 거야.

우리집 화장실 있는데 (쪼그려) 앉아 가지고 머리 깜는 게 힘들어. 그래 일주일에 2번 미용실 간다. 화장실에서 머리 깜는 걸 못 하니까. 여기서 샤워, 샤워하기 싫어서 목욕탕 간다. 그러니까 돈이 딸리는 기라. 그래 엄마 아버지가 드럽게 키아놨다고 원망 되는 거야. 시집을 가도 가만히 앉아 있으면 사람이 다 해줬으니까. 나가 이제 늙어가 이래 되었지. 그래도 아까운 것도 없고 분한 것도 없고 내 하나님 때문에 살고 있어. 불교나 하나님을 한 분은 믿어라. 내가 살아보니까 하나는 믿어야 되겠더라, 마음을 비와주니까, 내 그거를 알았다니까. 집 근처 경로당 있지만 회비를 많이 내야 해서 안 가지. 한 달 다니다가 회비 내라고 해서 안 다녀요.

"달리는 거 좋아, 남한테 지면 안 되거든"

저 먹골이고 다 친구들 많아. 이거(엄지와 검지로 동그라미를 그리며) 떨어지니까, 늙고 하니까 한 두세 사람 전화하는데 전화도 안 오잖아. 다 살림 살고 딸 아들 다 있어. 혼자 사는 사람은 내 혼자야. 싸이클 탈 때 남자친구들이 얼마나 많은 줄 아나, 내 싸이클 탈 때. 이거(돈) 없으니까 다 떨어져 나가더라. 우리 팀이 있었거든요, 싸이클팀. 싸이클 타는 사람

내 혼자고 다 보통 자전거 있지. 저기 상암까지 다 갔다 오고 그런 사람이야. 허허, 모여 가지고. (지금은) 발목에 쇠가 박혀가 있거든. 쇠가 박히기 전까지 싸이클 탔거든. 내 따라온 사람은 우리 팀에서 없어. 남자도 몬 따라왔어. 내가 사이클 탈 때는 너무 좋았어. 이거 발목만 안 뿌러졌시몬 달리기하면은 내 따라오는 사람이 없어. 달리기, 싸이클 선수였잖아. 팔씨름도 내가 다 이겼어. 그런데 내가 안 늙었나? 팔십네 살로 안 보더라. 어디를 가도 그래, 뻣뻣하게(멀쩡하게) 걸어다니니까 아무도 도와주는 사람도 없고. 슬슬 몬 걸어. 지금도 싸이클 탈 수는 있어. 내가 그래 넘어지몬 이기 쁘러지몬 다리를 못 쓴다 캐서 이리 있다니까. 이제 자꾸 걸어다녀. 요거 요거 쇠야, 쇠. 내거치 사는 사람은 없드라. 허허. 아이고, 온갖 소리 다하고, 속이 시원하네.

중랑천 자전거길에서 시작해서 저 상암동까지 막 싸이클을 탔어. 칠십네 살 때 뚝방이(을) 한참 달리는데 앞에 강아지 탁! 지나는기라. 그거 안 죽일라꼬 브라크를 팍 잡았는데. 다른 거는 그래 안 넘어가거든, 옆으로 넘어가거든. 싸이클은 뒷바퀴가 들리면서 길게 떨어져 가지고 발목이 부러져요. 사고났을 때 그 옆에 사람들이 119 불러 가지고는 병원 실려갔어. 그때도 팀이 있었는데 팀이 있어도 전화도 안 했어. 나는 성격이야, 허허허. 싸이클팀 활동은 한 10년 넘었을 거야. 혼자 살 때는 망우리고개까지 올라갔다 오고, 여 뚝방에 끝까지 왔다갔다 하지 멀리는 몬 갔어. 사고 나서 아들이 싸이클 다 뺏어가고 다 팔아먹고 그 뒤로 내가 이리 됐다. 자전거는 어렸을 때보텀 탔고, 이 영감하고 부산서 게론하고 서울 오가지고보텀 싸이클 탔다. 그냥 자전거는 재미가 없어서 못 타, 싸이클을 타야 재미있어. 안 탄 사람 몰라! 그런 사람 내가 (시무룩한 목소리로) 이리 됐다. 그때 나이는 모르겠네. 발목 뿌러지기 전까지 탔거든. 10년 전에 말이야. 나는 달리는 거 좋았어. 음, 남한테 지면 안 되거든. 내가 앞에 가야 되거든, 허허허허. 우리 클럽 이름이 있었어. 그것도 잊어버렸네. (거실을 가리키며) 저기 싸이클 타는 사진 있잖아. 저저저, 서울연합회[11]에서 내가 1등을 몬 했어. 1등을 몬 해고 상 받았어. 그런 때도 있어. 영감은 안 타고 내가 싸이클 선수니까 내 타는 것만 봤지. 안 해본 게 없어서 나는 원하는 거는 없어요. 나는 참 딸이 보고 싶고 했는데 너무 좋다. (란의 손을 만지며) 딸이 생각난다.

전에 친구가 불러서 뚝방에 한 바퀴 돌거든. 인제 혼자 다닌다. 오래 살고 싶은가 봐, 하하. 우리 친구들이 이거(돈) 있을 때는 어니어니(언니언니) 카면서 얼마나 쪼까다녔거든. 이게 최고더라, 죽을 때까지 쥐고 있어라. 나는 그것도 몰랐어. 싸이클 타면 우리 팀이 열몇 명이거든, 내가 커피 다 사고 이거 있을 때는 누나누나, 어니어니 카면서 그래. 내가 살아보니까 이게 최고더라.

---

11) 그의 거실 벽엔 2009 제20회 서울특별시장기 자전거대회 참여자들에게 제공되었을 법한 메달이 걸려 있다.

"먹고 죽는 약 가지고 여관에 드갔어"

　내가 일본 교토서 났거든. 39년 5월 10일이야. 그거는 딱 알았어. 왜냐면은 우리 아버지가 고향이 경상남도 고성군 ○○면이거든. ○○면. 그거는 알고 있어. 거서 한 골짜기에 우리 집안이 있었어. 내 어릴 때 아버지가 손잡고 데꼬 간 생각이 나네. 일본에 살 때 우리 아버지가 돈이 만해(많아) 가지고 일본사람들이 이랬단다(떠받들었단다). 무슨 사업을 했다 카대. 나는 모르겠어. 우리 엄마 아버지가 일본에서 사업을 하다가 돈 다 털어먹고 일본놈 꼴베기 실타꼬 한국으로 나와 가지고 처음엔 진주서 살았어. 거기서 좀 가니까 시골 같은 곳에 초가집이 있데. 돈을 떼었는데도 우리 아버지 뒷돈이 있었는가 봐. 그것 갖고 집 사고 옛날에 진주에 마당이 있고 집이 있고 대문이 있고 그게 생각이 나네. 진주, 거 살다가 부산 온 거야. 부산 서면서 살았어. 내가 어릴 때 손잡고 저기 부산으로 이사를 왔다. 그거는 내가 기억이 난다. 어릴 때 손잡고 이렇게 다녔기 때문에 몇 살인지는 모르겠다.

　우리는 그때는 돈이 있어 가지고 잘 살았어. 돈이 만해 가지고 멋쟁이로 살았는데 부모들이 억지로 게론을 시키는 거라. 게론은 내가 그때 몇 살이고, 그것도 얼른 생각이 안 나네. 어휴, 스무 살 넘었지. 내가 게론했는데 이제 얘기 다 해야 되겠다. 시집도 안 갈라 캤는데 게론을 시켰어. 그래가 시집을 가니까 애가 생겼어. 애를 금방 딸 하나 놓고 다음에 아들 놓고 아들 쌍둥이를 낳았어. 쌍둥이를 낳아놓은케네 시어머니가 아 하나를 팔로 목을 자꾸 누르라고 안 카나. 시어머니가 시켜서 어쩔 수 없이 그렇게 했어. 그게 인자 생각이 난다. 지금 생각하몬 내가 왜 그랬는가 나도 이해가 안 가, 그 당시. 그래서 내가 죄를 받는갑다. 애를 사람 데리가 키았거든. 그랬는데 자신이 없는기라. 우리 미화(가명)가 생각이 난다. 김미화가 딸이고. 미화만 생각난다. 아들이 둘이었는데 막내가 하늘나라 가고. 딸하고 아들 하나 얼굴도 모르고, 저도 엄마 안 찾고 엄마도 모르고. 이봐라 얼른 생각이 얼마 안 나네. 아, 김미화가 아이고 영옥(가명)이다, 박영옥. 미화는 내가 키운 아. 큰딸 영옥이 맞아. (소리가 작아지며) 박영옥이 보고 싶다.

세 아를(아이를) 낳았는데 하나는 하늘나라 가고 지금 아들딸 둘이 살고 있어. 그래 내가 죄가 만애서 엄마를 안 찾는 거 같아. 내가 왜 안 찾는고 알아? 내가, 애 낳아놓고 엄마 엄마 캄스로 이럴 때 나왔어. 내가 도망온 기 아이고 도저히, 애를 키울 자신도 없고. 힘드는 건 아닌데 돈이 있어서 식모가 다 해주고 그랬는데, 서방은 억지로 게론한 게로 내가 마음에 안 들었는가 봐. 도저히 자신이 없는 거라. 내가 도망가면 우리 아버지 양반집 자손이거든, 그러니 우사지고(우스워지고). 그래가 약국에 가서 그 약이 있대, 먹고 죽는 약. 그런 약을 딱 사 가지고 가까운 진주여관에 하룻밤 잔다고 드갔어. 그래가 약을 먹고 딱 죽었는데 눈을 뜨니까 우리 부산 친정오빠가 보이는 거라. 허허허허, 사는 서방도 안 보이고 친정오빠가 보이는 거라. 그래 갖고 나를 데꼬 오빠집으로 데려다 놨더라고. 그래서 우리 큰오빠 집에 있다가 넷째오빠집에서 살았어. 넷째오빠가 참 좋고 나를 좋아하고 우리 올케도 내 돈 있으니까 얼마나 잘했는지 몰라. 오빠들 뭐 사업하다가 망했고 뭐, 월급쟁이 하고 마 그러더라고. 내가 죄가 많은 사람이다. 애를 버리고 죽을라 캤잖아. 그런데 지금까지 살고 있잖아.

"억지로 한 게론에 남편은 바람둥이였어"

나는 하나도 마음에 들도 안 해도 어른들은 게론시켜 주니 어쩌냐. 그래 게론하고 시집을 갔지. 서방 얼굴도 모르는데 선만 봐 갖고 게론한 사람인데 영감이 바람을 피웠다. 본남편이 이발소 했어. 이발소 알지? 남편이 키가 크고 잘생겼어. 멋쟁이였어. 여자들이 많이 따랐어. 이런 남편이 싫어졌어. 여자가 항상 뒤따르는 걸 내가 어찌 아냐면은 그때 친구가 있었어. 친구가 나한테 애기를 해주더라고. 서방님이 어느 여자하고 연애한다. 그래도 예사로 들었는데 또 그 소리들었어. 그래서 친구가 어떤 다방이, 옛날은 다방이잖아, 내가 그 다방을 찾아갔어. 찾아가니까 딱 앉아서 희희덕거리고 있데.

햐, 나도 성격이 더럽거든. 그만 내 사람 만나. 나 성격이 패는 사람이야. 그래 가서 뺨짜기를 막 때리니까 내 머리카락을 잡는기라. 나도 머리카락 잡고 팼거든. 그런데 신고까지 하더라고. 나뿐이 모르는 사람이 억지로 연애를 했다 카는 그런 소문이 나걸래, 대가리를 탁 이라고 머리 뜯었어. 나 성격이 그렇거든. 그때 살이 통통해 가지고 건강했어. 뺨을 막 때렸지, 이 여자가 마 쓰러졌어. 쓰러져 가지고 병원까지 갔어. 그래서 내가 경찰서 안 끌리갈라꼬 또, 지금도 그렇지? 전에는 돈만 있으면 다 됐잖아. 병원비고 뭐고 다 대주니까 마 몇십만 원인데. 여자 뗄라꼬, 자존심에. (시무룩해진다) 그래서 내가 죽을라꼬 여관에 갔어. 그런 삶을 살은 사람이야. 나 이런 것도 친구들한테 얘기 안 해봤어. 김해숙이, 이런 사람이야!

내 딸이 보고 싶다. 찾아갈 수 있지마는 자존심에 내가 몬 찾잖아. 서류 떼보니 딸은 부산서 살고 있어, 그런데 어떻게 살고 있는지 소식을 몰라. 엄마엄마 카면서리 엄마뿐이 몰랐던 애들이 내를 안 찾는다 이기라. 좀 생각해봐. 이해가 안 가제? 저 버렸다고 그러나? 내가 도망온 게 아니라고 이제까지 안 찾았거든. 내 자존심에 그게(용기가) 안 나오는 거야. 내가 아들은 얼굴도 모르겠다. 딸 얼굴도 모르겠는데 한 번 봤으면 싶어. 그런데 내가 못 찾고 있다. 무슨 생각으로 뻔뻔하니 찾겠노. 그 딸도 엄마뿐이 몰랐어. 저그 아버지는 싫다 카고 그랬다, 그래 키웠는데. 내 전에는 생각이 안 났는데 인자 죽을 때 됐는가, 영옥이가 그리 엄마를 안 찾나 그 생각이다. 아, 내가 내가 죄가 많아서 그렇다. 엄마가(를) 그리 좋아했거든. 아들 낳아도 아들은 필요 없었어. 딸만 내가 좋아했어. 그런 딸이 안 찾잖아. 내가 돈만 있으면 찾는다 이기라. '하나님, 박영옥이 엄마 좀 찾게 해달라'고 기도 드린다. 누가 한번 찾아주면 안 될까? 죽기 전에 진짜 한 번 보고 싶다. 돈이 없는데 찾으면 신세진다 이기라. 짐이 될까 싶어서. 그런데 내 자존심이 우찌 찾냐. (기운 빠진 목소리로) 박영옥이 제일 보고 싶다. 죽기 전에 영옥이 한 번만 보면 소원이 없다. 생각이 자꾸 나. 지금 오십[12]이 넘었겠지. 우리 여기 키운 아들도 오십이 넘었는데 다 하늘나라 갔잖아.

"영감이 3년을 쪼까다녀서 재게론한 거야"

부산 넷째오빠 집에 살았는데 나를 저 저 계속 나는 직장도 안 다니고 막 돈이 있으니까 놀고 살았는데 부산서 이 영감 만나 가지고 내가 시집을, 게론을 한 거라. 저 사진이 재게론(재혼)한 사람이잖아. 게론 안 할라 캤는데 저 대구서 부산까지 3년을 쪼까다녀 가지고, 그래 그 애들 집에 가니까 애가 있는데 불쌍하더라고. 3남매가 있드라꼬. 하, 내가 내

---

12) 김해숙 님은 딸 박영옥 님의 나이가 오십 정도 되었을 것이라고 짐작하시지만 그가 내어준 초본을 살펴본 결과 2022년 현재 만60세가 되었음을 확인할 수 있었다.

가 죄가 만애서 이 애들 키와줘야 되겠다, 그래서 영감하고 부산에서 게론하고 서면서 살았어. 두 번째 결혼하고 나서는 애가 생겼는데 내가 지아뿌렸잖아. 자신이 없었어. 3남매 키와야 하니까 애들을 안 낳았잖아. 내가 팍, 지아뿌렸잖아. 그 애들을 요래(떠받들어) 키웠잖아. 영감이 나한테 정말 잘했어. 나도 돈 있고 이러니까 동네사람이고 다들 나를 이랬어. 그런데 영감 딱! 가고 나니까, 서방이 최고더라, 잘해라. 서방 가고 나니 허무하더라꼬. 사람 무시하는 것 같고. 그래 가지고 내가 이리 혼자 내 자존심에 지끔 이 나이 때까지 살고 있다. 아까운 것도 분한 것도 없고, 불교나 교회나 믿음은 가져야 된다 이기라. 나 하나님 때문에 살고 있으니까, 허허. 무슨 말인고 알아듣지? 허허허허.

영감이 나보다 세 살 아래였는데 나를 얼마나 사랑했는지, 나는 첫 남편은 사랑이고 뭐이고 애만 낳고 죽을라꼬 도망왔고 미우니까 생각도 안 나, 거기는. 그런데 3년을 쪼까다녀서 결혼했는데 내가 정이 또 들더라고. 너무 잘해. (손을 사타구니 쪽에 갖다대며) 이것도 크고. 우리 영감이 뭐라는 줄 알아. 긴짜꾸[13]래 긴짜꾸. 내가 온갖 소리 다하네, 허허허. 긴짜꾸가 뭔지 알아? 연애하는 거. 나를 긴짜꾸래. 그럼시로 그래 좋아한다, 좋아하더라고. 그래서 나는 할 짓 다 해보고 살

---

13) 긴짜꾸(きんちゃく[巾着]) : 원래 작은 물건이나 소지품을 담아서 갖고 다니는 주머니를 말하는데, 이것이 한국으로 건너와서는 의미가 변질되어 남자의 음경을 꽉 꽉 조여주는 '명기'라는 뜻의 유행어가 되었다고 한다. 출처: https://yukbong.tistory.com/18329416

았기 때문에, 원도 없고 분한 것도 없고 그냥 하늘나라 갈 때 건강만 주세요, 허허허. 그래서 이리 살잖아.

(김해숙 님의 전화벨이 울린다.)

어, ○○야. 오늘, 목욕 갔다가 복지관에 밥 먹고 피로해 가지고 집에 들어가(들어와) 있어. 그래 내가 피로해 가지고 저저 머리 드라이하고 그래 왔다. 어, 허허허허. 어, 허허허 허. 에이구, 나는 남자 이런 거는 없다. 늙어 가지고 그런 데 관심 없다. 이제 시간이 다 됐잖아. 그래, 내일 교회 가야 되 니까 오늘 미장원에 갔다 오고 그랬다. 어, 허허허허.

(통화 끝)

'옛날 사진을 보관한 게 있으면 보고 싶다'고 했더니
그는 앨범을 꺼내 와 침대 위에 수북하게 쌓아놓았다

여 맨날 가는 커피집이 있어. 나는 집에서 커피 이런 거 있어도 혼자는 안 먹어져. 맨날 동생들 만나가 커피 한 잔 먹고. 그런데 오늘 안 보이니까 전화가 왔네. 집에서 여 가까운데 바로 어린이놀이터 옆에 있어. 커피숍이 아이고 오뎅 떡볶이 순대 파는 집이 있어. 우리 친구 만나면 그런 데 안 드가. 내 혼자 가면은 사람이 많아. 떡볶이 묵고 순대 묵고. 나는 그런 건 안 먹고 난 커피만. 그게 매일 나간다고. 그거 나가면 아는 사람이 다 오고 커피 내가 다 사주고, 이런 습관이 돼서 그어서도(거기서도) 젊은 사람이 나를 놀리잖아, 허허허. 그 재미로 살아. 나는 어릴 때부터 내 뒤에 머스마들이고 뭐 쭐(줄)로 섰다. 내가 맛있는 거 다 사주고 하니까, 허허허.

"딸이라고 국민학교도 안 시킨 아버지가 원망스러워"

내가 돈이 만앴어. 우리 친정아버지가 돈이 있어 가지고. 어떤 일 해서 돈 벌었는지 모르지, 우리 아버지가 부자더라고. 일본에서 들어와 부산 서면에서 살았고, 처음에 또 진주 살았는 거 같더라고. 진주 살다가 부산 왔는데, 진주 알지? 그때 생각이 난다. 그런 아버지는 빨리 돌아가시고 엄마는 칠십까지 오래 사시고. 생각이 안 난다. 어째 돌아가셨는가. 옛날 생각도 얼른 안 나온다. 내 엄마 닮았는가 봐, 지금까지 사는 거 보면. 형제 중에 다 인자 돌아가시고 저 넷째오빠 한 분 살아 있어. 5남매거든. 딸 하나 오빠 너이거든. 내가 막내

딸이야. 그 오빠하고 가끔 통화해. 아버지 돌아가시고 엄마는 큰아들 집에 있었고. 나는 넷째오빠 집에서 살았다. 내가 저 첫 번째 남편, 그때도 집은 내 이름 앞으로 돼 가 있었어. 집이 있어도 박씨는 나는 그 돈으로 못 살았지.

내가 왜 지금까지 (목소리를 높이며) 아버지를 원망하냐면 아버지는 오빠들은 고등학교까지 공부 다 시켰는데 여자는 언문만 알면 된다 했어. 나를 국민학교도 안 시켰어. 양반집에 우리 아버지가 외동아들이었거든. 양반만 찾고 예의범절을, 그 말이 지금도 생각나. 그래서 그게 한이 돼 가지고 아버지 빨리 죽으라 캤다니까. 우리 아버지가 아르켜 줘서 한문 김자도 알고 한문도 다 알아. 하늘 천, 아들 자 자 다 쓸 줄 알아. 그 공부는 집에서 다 했어, 우리 아버지 한문학자야 한문학자. 동네 남자애들 다 공부시키고 했어. 와 옛날에는 아들만 위하는가 그게 이해가 안 가. 그래도 내가 머리가 좋았는가 봐. 애들 이제 아르키는데 같이 앉아가 내가 다 비았지(배웠지), 혼자 쓰고. 내가 글자도 다 알고 그래 살았다니까. 그래 우리 엄마가 울면서 니가 아버지 빨리 죽으라 캐서 아버지 빨리 갔다고 하는 그 기억이 난다. 한이 돼, 공부를 못 해 가지고. 돈이 있지만 자신이 없어서 학교 같은 걸 다니진 못 해봤지, 내가. 어릴 때 공부를 안 시켜 놓으면 뭐를 모르니까. 아, 그래 내가 늙어가 이리 됐어. 내가 팔십 넘으니까 이상하다. 길다(길도) 이자(잊어) 버리고 내가 그래서 걱정이야. (연필로 뭘 쓰고) 그런 것도 안 해. 아무것도 안 하구, 내가 운동하고 내 취미대로 지금까지 살았어. 응, (뭘) 써야 되는데 그래야 되는데, 그런 거는 취미가 없는 거야.

"영감 누워가 있어도 그때가 좋았다 이기라"

내일은 아침에 ○○○○교회에 가. 항상 교회는 안 빠져. 전에는 코로나 때문에 점심 안 주더라고, 인자는 점심을 줘. 그래 점심 먹고 또 차가 여(여기까지) 와, 큰 버스가. 점심 안 먹으면은 여기다 태워다 주는데 점심 먹으면 내가 전철 두 번 타 가지고 중화역에서 이리 걸어온다, 허허허허. 나는 멀어도 운동 삼아 걸어, 허허. (연의 머리카락을 보며) 여는(이 사람은) 머리가 하얘서, 마 길어라. 나는 흰머리 기를라 캤는데 하야이 올라오더라꼬. 오늘은 머리 짜르고 염색하고 왔어. 머리 너무 짧지? 저기 동부시장 ○미용실이라고 있어. 거서 딴 사람들은 만 원 주고, 나는 오늘 이리 하는 것도 4만 원 줬거든. 나는 빠마 하고 이러면 돈 많이 들어간다. 그런 게 여 친구들이 놀려, 왜 그런 비싼 데 가냐고, 허허허허.

나는 서울 올라와 가지고 그 단골이 돼 가지고. 오래됐네. 서울 온 지 한 20년 가까이 됐지. 그래 영감이 최고더라고. 영감 가고 난 뒤에 내 이리 허무하다니까. 우리 영감이 차가 있거든. 배 태워 가지고, 친구들 가면 친구들 태우고, 내 안 가본 데가 없어. 우리 영감도 돈이 있어 가지고 돈만 쓰는 사람이거든. 그런데 나 구경시킨다꼬 친구들하고 가면서도 나를 데리고 가는 거야. 구석구석 다 다녀봤어. 기억 남는 데는, 지리 지리산만 생각나네. 꼭대기까지 차 가는 데까지 올라갔지. 차가 있으니까 여 가고 저 가고, 나를 그리 데리고 다녔다니까. 안 가본 데가 울릉도. 울릉도를 왜 안 갔냐, 잘못하면 갇힌다고 하잖아. 울릉도가 가고 싶다. 그래서 지끔도 이제 친구 만나면은 어디 여행 한번 가자 칼라꼬. 그런 영감이 빨리 갔어. 그게 몇 살 땐가 생각이 얼른 안 나네. 어, 칠십도 안 돼서 갔어. 그래 불쌍하다니까. 갑자기 뇌졸중인가 뭔가 쓰러져 가지고 병원에 입원했다가 집에서 몇 년 몇 달까지 수발 다 했어. 병원침대를 갖다 놓고 사람 데려가면서는 수발 들고 그랬잖아. 내가 수발만 못 하니까. 그래도 정신은 있더라니까 몸은 몬 움직이면서. 그래 가지고 말도 옳게 못하고 글만 쓰고 이래. 영감 누워가 있어도, 내가 얼마나 고생을 해도, 그때가 좋았다 이기라.

"얘기 들어주니까 너무 좋아가 온갖 소리 다한다"

중랑구에 산 것도 언제부터 살았는가, 잘 몰라. 오래됐어. 망우리라고 있지? 우리 영감이 저게 저 성수동 알아? 성수동에서 사업을 했거든. 옛날에 베로도(벨벳) 공장 했거든, 영감이. 거 하고 그것도 망해 묵고 그래가 성수동 살다가 공장 버리고 망우리 살다가 이리 또 이사온 거야. 그래 가지고 영감하늘나라 가고, 내가 이렇게 돼버렸잖아. 중화동에서 오래 살았지. 여기 반지하에 살기 전에는 옥탑방에 살았어. 저기 철길 있지? 건너서 저쪽 편에. 옥탑까지 계단 올라가기 몬 하고 그래서 내가 이 옥탑에 안 살란다. 손자 왔다가서 그래 서 이리 이사왔어, 작년에. 여 오래 살았기 때문에 이리 왔다 이기다. 멀리 안 가고, 다 알잖아. 여기로 이사하고 손자는 그래 왔다갔는데 이제 전화도 안 하네. 그래 내가 전화하고 할머니 안 보고 싶냐 이러면, 시간이 없어요. 손자가 할머니 뿐이 몰랐어! 아직 손자 두 놈이 장가도 안 갔어. 나이가 서 른 살 다 돼가잖아 요즘. 그런 손자도 전화가 안 오고 그래서 내가 찾아갔어. 갔는데 손자가 저희집에 안 델꼬 가고 나를 커피숍에 가가지고 만나고 나를 집에 데려다 주고 갔다니까. 사는 게 힘드는가 봐, 우리 큰며느리가. 그런데 지가 낳은 자 식 피가 있어야 땡기는가 봐. 나는 이리 해놓으면은 할 짓 다 하면 큰소리 할라꼬. 무슨 말인고 알아듣지? 아이고, 보니까 우리 딸 하늘나라 간 (키운) 딸이 보고 싶다. 엄마뿐이 모르는 딸이. 딸이 보고 싶고, 딸은 하늘나라 가뼈렸잖아. 너무 좋아 가 온갖 소리 다한다.

저기 저저저 큰아들이 하늘나라로 가고, 딸도 하늘나라 빨 리 가뼈려, 갔잖아. 결혼하고 갔지. 그런(자세한) 얘기는…. 허 허. 키아눈 아들놈 한 놈이 중국에 있는데 연락도 없잖아. 막 내, 막내. 영감하고 중국에 가서 결혼시키고 오고 그랬거든. 중국 여자하고. 그 뒤로도 연락이 없어. 그래서 내가 키운 자 식은 아무 그기 없다 싶다. 추석이나 명절에 찾아오는 사람도 없어, 내 혼자야. 오도 안 하고 가도 안 하고. 부산 오빠하고는 전화만. 우리 집안에서 영감 있을 때는 이랬어. 다 떨어진다. 그런 게 허무하다 이기라. 영감이 최고더라고, 뿌리더라 이 말이다. 내가 재결합(재혼)했지만은 집안에서 나를 이랬어, 다. 우리 시누도 살고 있어. 연락도 안 오잖아. 나도 자존심에 안 하고.

허허, 근데 엄마 아버지 다 계시지? 엄마 아버지. 엄마한테 잘해? 딸이 최고더라. 내가 딸로 살았기 때문에 엄마도 돈가 살았지만은 우리 올케들은 명절 되면은 옷 같은 거만 사주지 용돈 안 줬어. 난 항상 용돈을 줘. 친구들 만나면 거 가서 엄마 식사해라 카면서 용돈 주고. 항상 뒷돈이 나는 몇 백만 원, 항상 뒷돈이 있어야 살아. 처녀 때부터 시집 와도 그랬고, 이제 요즘 수급자 되고 나니 인자 뒷돈 떨어지고는 그런 게 없어. 내가 이제 몬 쓰지. 나는 다 쓰고 없다 아이가. 허허, 그 습관이 안 없어져. 돈만 있으면 사고 싶고 주고 싶고. 어릴 때부터 그런 습관이. 국민학교 다닐 때 다 내 뒤 따랐어. 머스마하고 계집아하고, 내가 왕이었어. 뒤따라 오면 뭐 뭐 먹어라 카면서 다 사주고. 그때부터 마, 내가 다 사주고 그래 팽생을 살아가 이제 거지 됐다 이 말이다. 내가 온갖 소리를, 허허허허.

이 보호사라도 한번씩 오면 소원이 없겠다. 하소연하고 내 모리는 거 아리켜 주고 내가 너무 허무하다. 내가 어디 하소연할 데가 없어. 그래서 내가 너무 외로워.

"나는 테레비, 연금, 의학 때문에 산다"

아이고, 내가 약을 아침에 11개, 저녁에 5개 먹어. 약이 온갖 것이 다 있다. 내가 의학 때문에 산다.(커다란 약봉투를 꺼낸다. 처방전과 약이 한가득이다.) 호흡기, 호흡기 안 좋은 데 먹고 신경과에 다녀. 약이 많은데 당뇨가 있어 가지고 당뇨약, 이거는 혈압약. 약이 한 움쿰씩이야. 꼬박꼬박 안 먹으면 안 되니까. 내같이 이리 약 먹는 사람 없더라. 그래서 내가 의학 때문에 산다. 병원은 어디고, 저기 서울 신경과 그래, ○○대병원. 혼자 다니지.

임플란트도 하고 싶은데 잇몸이 약해서 안 해줘. 돈이 없어서 몬하는 게 아니고 의사가 안 해주는 거야. 잇몸이 아파서 약을 먹고 있어. 이빨 좋은 사람이 참 부럽다. 지금도 잇몸이 심하게 아파. 약만 한 움쿰씩 주더라. 나는 밥을 안 먹으면 안 돼. 어지럽기 때문에. 전에는 교회에서 밥을 줘서 좋았는데 올해는 국수만 주는 거야. 국수루만 줘. 오늘도 교회에서 밥 안 나와서 집 근처에서 보신탕 먹었어. 어렸을 때부터 개고기를 먹었거든. 딴 거는 맛이 없어. 보신탕을 먹어야 맛이 있어. 그리 좋은 거 다 먹는데 요즘 살이 빠지고 붓는다이 말이야. 내일 병원에 갈까 싶어. 나는 다리 빼고 유방수술했다. 수술한 지 5년 넘었어. 그때 돌봐주는(돌봐준) 사람은 없다. 유방암에 걸려서 하나 잘라냈다. (갑자기 옷을 들춰 가슴을 보이며) 이봐라. 목욕 가도 챙피해 가지고 수건을 딱 막아, 허허. 원래 유방이 적어. 애 젖도 안 믹였어, 허허.

나는 뉴스 다 듣고 하지마는 그래도 우리나라, 노인들한 테 잘한다. 돈 가 살아 가지고 남한테 신세도 안 지고, 그런 데 이제 나라에서 주는 돈이 얼마나 감사하노. 그 아니면 내 어찌 사냐고. 그래서 우리 한국이 참 노인들한테 잘한다고 생각하고 있다. 어떤 사람 말이 많은데 노인들한테 잘하니까 묵고 산다. 최고다 싶어. 연금, 그것 때문에 살잖아.

(거실 벽에 걸린 사진을 가리키며) 사진이 하나 있는데 내가 싸 이클 선수잖아. 이봐라, 이봐. 우리 팀들. 내 미니스카트 한 창 유행될 때 나는 유행되면은 옷을 사 입거든. 이건 그때 부 산서 이기 단발머리. 이 3년을 쪼까다녀서 결혼한 서방이고. 요요, 우리 여기는 큰 손자. 할므니뿐이 몰랐다, 이봐라 손자 손자 둘. 이 딸은 죽었지만은 삼남매. 이기를 내가 다 키았 다. 장가 보내고 시집 보내고. 한창 유행될 때 옷 입고 우리 영감하고 안 가본 데가 없고 허허허. 이기 바위가 너무 좋더 라꼬, 우리 영감이 사진 다 찍어준 거야. 여 여 부산에 살 때 우리집. 아이고, 그런 내가 인자, 이리 허무하요, 허허허허.

여 책이고 뭐이고 영감 있을 때 저런 거 다 보고 음악 듣 고, 지리박·탱고·왈츠 다 출 줄 알잖아. 그런데 딴 사람하고 는 못 춰. 우리 영감하고 심심하몬 청량리 캬바레 갔어. 춤 교습소를 영감이 했어. 노래와 춤을 좋아해 가지고 항상 틀 어놓고 듣고 그래 살았어, 팽생. 허허허. 옛날 생각나몬, 영감 보고 싶으면은 사진 보잖아. 전에 장이고 뭐이고 옥탑 가면서 다 버렸거든. 그래 아무것도 없잖아. 그때 옥탑에 안 들어가 다 버렸거든. 그래 작은 거 저거를 샀는데 냉장고가 너무 적다. 마 내가 이제 얼마 살겠노 싶어서 사까 마까야. 지금 나는 뭐 먹을 것도 없고 열(넣을) 것도 없어. 나는 테레비 세 군데. 드라마 다 본다. 그 재미로 산다, 테레비 안 보면 못 살아. 아침 저녁 나오는 거 있잖아. 가수들도 나오고 탈렌트 노는 거, 그런 거 다 보잖아. 테레비 없으면 못 살아, 나는 하루도. 들어오면 항상 테레비 틀어놓고 나가면 끄고.

사진 찍지 마라, 보기 싫어. 찍은 거 보자 보자! 옷을 입어야지. 이리 입어 가지고, 사진 찍으면 보기 싫어. 오늘 머리도 너무 짧게 짤라 가지고. 아이, 뵈기 싫은데. 글구 화장도 안 하고. 화장을 해야지. 나는, 하루도 화장 안 하면 안 돼. 그런 습관이야. 세수 딱 하고 나면 화장을 딱 해야 돼. (화장하느라 고요하다.) 팽생을 처녀 때부터 하루도 화장을 안 하면 안 돼. 얼굴이 땡기 가지고. (찍은 사진을 확인하며) 아이고 뵈기 싫다, 머리 머리 머리 머리. 아이다, 머리가 짧아 가지고 허허. 다시 찍어봐. 아이구, 사진이 잘 안 나오네. 허허허.

김해숙 님을 만나고

이연옥 · 이정란

　더위가 한창인 7월 초에 우리는 김해숙 님을 만났다. 다른 사람의 인생을 잘 듣고 말씀하시는 대로 잘 정리할 수 있을지 걱정이 많았는데 만남을 위해 전화를 드렸을 때 흔쾌히 약속해 주신 덕분에 마음이 조금 가벼워졌다. '어떤 분이시기에 이리 반갑게 맞아주시는가' 하는 생각에 기대가 되고 살짝 설레기까지 했다. 그는 "요즘 이상해, 자꾸 깜빡하고. 그래가 내가 걱정이야"라고 말문을 트셨다. 들어보니 그의 생애는 행복하면서도 불행했고, 여유로우면서도 결핍에서 오는 상실의 과정이었다.

　김해숙 님은 아까운 것도 없고 분한 것도 없다고 입버릇처럼 말씀하시지만 팔십 평생을 살아오며 아깝고 분한 것이 하나도 없을 리가 있을까. '여자는 가정교육만 받으면 된다'는 아버지의 뜻을 거스르지 못해 배우지 못했고, 결혼하고 싶지 않았지만 할 수밖에 없었던 첫 번째 결혼생활을 말씀하시면서 아버지와 첫 남편의 얼굴이 생각나지 않는다고 한다. 인생의 끄트머리를 향해 가며 담고 가게 될 가슴에 미운 사람 얼굴부터 비워내는 노인의 지혜일지도 모르겠다. 그의 말씀을 따라가다 보면 머릿속에 마치 그 광경을 보는 듯이 그려졌다. 어린 시절 그가 아버지의 손을 잡고 동네를 거닐 때 아버지를 대하는 동네 사람들의 태도에 자랑스러움을 느끼고, 오빠 넷이 학교를 다니던 10여 년 동안 그 뒷모습을 보면서 얼마나 분해하고 눈물지었을지 깊이 공감되었다. 우리는 살아가면서 '만약'이라는 가정을 자주 해본다. 만약 김해숙 님이 '아버지와 어머니의 딸'이기 때문에 학교를 다니고, 결혼하고 싶지 않아 비혼으로 살았다면 지금 우리 앞에는 여유롭고 자유분방한 삶을 살아온 또 다른 김해숙이 자리하고 있을지도 모른다.

김해숙 님을 네 번에 걸쳐 인터뷰하는 내내 들었던 생각은 굴곡진 삶 속에서도 참으로 당당하고 활기차다는 것이다. 동네 아이들을 이끌고 다니며 군것질거리를 사주고, 미니스커트를 입고 멋지게 포즈를 취하고, 자전거를 타기도 쉽지 않을 시기에 사이클을 타고 동호회 활동을 하며 다른 사람보다 더 빠르게 앞서는 게 좋았다고 말하는 그는 지금도 꾸준히 걷고 있다.

만83세라고는 믿기지 않을 만큼 몸이 유연한 그는 마치 우리의 방문을 기다리기라도 했던 것처럼 처음 만났을 때부터 남들에게 털어놓기 어려울 만한 이야기를 스스럼없이 풀어놓았다. 듣는 우리는 조금 놀라기도 했지만 그의 가슴 속에 담아둔 이야기를 꺼내놓음으로써 같은 시대를 살아낸 여성들에게 분명 많은 위로가 되리라 생각한다. 그런 의미에서 이 지면을 빌어 김해숙 님께 고개 숙여 감사의 인사를 드린다. 그리고 어쩌면 우리 미래의 모습이기도 할 그를 2022년 구술생애사 작업에 참여하면서 만나보길 잘했다는 생각이 들었다.

김해숙 님을 만나 살아오신 얘기를 들으면서 1인 가구로 열여덟 해를 살다 지난해 3월 요양원에 들어가신 엄마가 생각났다. 혼자 사는 노인을 위해 국가가 말벗 서비스를 지원하기라도 했다면 엄마의 삶은 좀 달라지지 않았을까. 김해숙 님이 현재 원하는 것도 '단지' 그뿐이다. '내 얘기를 들어줄' 누군가와 삼시세끼를 해결하는 일. 그를 다시 만나게 된다면 그의 어머니와 시어머니의 이야기를 들어보고 싶다.

나철균 님 구술

그렇게 자동으로
독거노인이 돼 분 거여

대담 및 기록

오지은 · 이지아

나철균 님

2022년 현재, 만88세.

   1934년, 전남 순천에서 태어났다. 군에 입대하면서 고향을 떠났고, 제대 후 서울살이를 시작했다. 쌀 도매 납품, 건설업, 김 도매상 등을 하며 평생 부지런히 일하여 가족을 부양했다. 중화동에서 10년째 혼자 살고 있고, 어서 코로나19가 잦아들어 다시 가수 활동을 할 수 있기를 고대하고 있다.

"모아놓았던 돈 홀딱 다 들어갔네"

밥은 내가 해 먹어. 반찬은 (같은 집 다른 방에 거주하는 분을 돌보러 오는) 요양보호사가 해주고. 치아가 없어서 요즘 치과에 계속 치료하러 다녀. (치아 상태가) 심해 가지고 말이 잘 안 나와. 막 붓고 말도 못 하고 그랬는데 많이 좋아졌어. 엄청 고생했지. 누룽지 사다가 끓여 먹고, 죽 쒀서 먹고, 딱딱한 건 전혀 못 먹고, 국물에 말아서 이제 밥 조금씩 먹어. 아이고, 한두 달간을 뭘 맘대로 못 씹어 먹으니까 삐쩍 말라 분 거여. 계속 말라, 제대로 못 먹으니까. 그런데 비까지 와 가지고(방에 물이 차고) 이 난리를 치고 이러니 어떻게 할 수가 있나. 가장 심한 게 치아더라고. 다치고 꿰매고 하는 것보다. 상시 사람이 말을 해야 되고 먹어야 하니까.

치과는 보험이 안 되잖아. 임플란트 하니까 돈이 엄청 많이 들었어. 정부에서 나오는 돈(기초생활수급비) 아껴서 모아놓았던 것 홀딱 다 들어갔네. 6백만 원. 첫 번째는 혜택을 많이 받았어. 정부에서 해줘서 30%만 내가 냈어. 100만 원 정도 들어갔어. 그런데 7년이 넘어가야 그 혜택을 (다시) 받는데 계산해 보니까 4년 2개월밖에 안 됐어. 그게 될 줄 알고 했더니 안 되는 거야. 그래서 자비로 다 했어. 한 달에 얼마씩 넣어주기로 했어. 병원비 내고 나면 30만 원 정도 남는데 방값 10만 원 내고 한 달 동안 20만 원으로 사는 거야. 내가 이렇게 살면서 저축한 게 있거든. 한 달에 20만 원 정도 절약해서 400만 원쯤 모아놨는데 홀딱 다 들어갔네. 그리고 모자라는 비용은 다달이 나눠서 내고 있고 세 달 남았어. 이제 8월이면 끝나.[14]

"잠자고 있는데 경찰관들이 와서 그냥 덮쳐 갖고…"

내가 전라남도 순천에서 태어났어. 순천이 고향인데 내가 이제 초등학교 5학년 때 여순반란사건이 난 거야. 그때는 학생도 경찰 같고 경찰도 학생 같고, 까만 모자에다가 까만 옷을 입고 가을철이니까(교복과 정복의 구분이 어려웠다). 우리 선배들이 학교 가다가, 빨갱이들이 경찰인 줄 알고 막 쏴 죽인 거야. 아침에 밥 먹고 나가서 보니까 시체가 막 여기저기 쓰러져 있는 거야. 그래서 보니까 전부 학생들이 학교 가다가 그렇게 당한 거야. 군인들이 광주 31사단하고 대구에 있는 7사단하고 7연대 그때는 연대니까 토벌작전에 나온 거야. 지원 나온 이 사람들이 갈 데가 없으니까(산으로 들어간 거야). 나는 그때 이제 초등학교를 졸업하고 중학교를 다니는데, 여순

14) 빈곤노인의 치아건강 악화는 음식물 섭취를 어렵게 해 건강 전반에 영향을 미친다. 2019년 기준으로 만65세 이상 노인에서 '20개 미만 치아 보유율'을 보면, 소득수준 하(50.2%)와 상(36.4%)의 차이가 보였다. 같은 해 씹기 불편하다고 호소한 노인의 비율도 소득수준 하(42.7%)와 상(31.7%)의 격차가 확인된다. 남아 있는 치아가 상대적으로 적으니 음식물 섭취가 어려워졌다고 볼 수 있다. 하지만 감당하기 어려운 비용으로 인해 치료를 선택하지 못하는 경우가 많다. 저소득 노인들의 치아치료 보장제도의 확대와 개선이 필요하다. 출처: 「치아에 새겨진 격차, '이' 이를 어쩌나」, 〈주간경향〉, 2021. 11. 08

반란사건[15]이 다 끝나고 4년 만에 6·25가 터진 거야. 그때 당시에 14연대 병력 살아 있는 사람이 전부 지리산으로 입산을 해버린 거야. 그 사람들이 어떤 식으로 하냐면 산골짜기에 살고 있는 주민들 마을에 밤에 내려와 갖고 밥 얻어먹고 밥 시켜 먹고 쌀 털어 갖고 올라가고 닭 잡아서 올라가고 소를 잡아 갖고 올라가고 그런 난리를 치고 산 거야. 그때 이제 남한 전체가 그렇게 된 거야.

그렇게 돼서 이제 6·25가 났는데 우리 아버지가 6·25 사변 당시에 빨갱이들한테 붙들려 가서 돌아가신 거야. 그렇게 해서 내가 학교를 그만두고 아버지를 묻어드리고 아버지를 죽인 원수를 갚아야 되겠더라구. 근데 이제 그때 내가 군인 갈 적에는 전쟁에 나갈 군인들이 없으니까 나이를 많이 먹거나 적게 먹거나 키만 크면 무조건 잡아간 거야. 그때 내 나이가 열여덟 살 먹었는데 가만히 생각하니까 여기 있어도 죽게 되고 군대 가도 죽게 생겼더라구. 그때는 군대 가면 다 죽는다고 알고 의무경찰로 간 사람들이 많아. 경찰인데 전투경찰이지. 전방으로 안 가니까 살 줄 알고 지원을 해서 그렇게 간 거지. 무조건 군인으로 가면 최전방에 가서 죽는다 이

15) 여수·순천 10·19 사건. 이승만 정부가 여수에 주둔했던 제14연대를 제주도에 파견하여 4·3 사건을 진압하려 하자, 1948년 10월 19일 군인들이 동족상잔의 출동 명령을 거부하는 일이 발생하였다. 이를 진압하는 과정에서 무고한 민간인들이 희생을 당한 사건으로 1949년 전남도 조사에서 1만 1,131명의 희생자가 발생했다고 보고됐다. 이 사건을 반란으로 또는 항쟁으로 보느냐 등의 입장에 따라 '여순사건', '여순항쟁', '여순반란사건' 등으로 부른다. 출처: https://www.hani.co.kr/arti/area/honam/1050617.html

거야. 그러니 그걸 안 가고 전투경찰로 가는 사람들이 많았어.

내가 원래는 1934년생인데 주민등록증에는 1938년생으로 되어 있어. 왜 그랬냐면은, 여순반란사건 난 후로 군인들 막 잡아갔잖아. 우리 아부지가 나를 그냥 연령을 팍 낮춰 분 거야. 그때 6·25가 끝나고 나니까 내가 나이가 열여덟, 열아홉 됐잖아. 키가 솔찬히 크니까 나이는 그만두고 그냥 막 잡아간 거야. 그때는 뭐 그냥 총만 이길 정도만 되면은 막 잡아갔으니까. 근데 우리 아부지는 그걸 방지하니라고 나이를 낮췄는데 내가 또래보다 솔찬히 커부니까. 내가 저녁에 잠자고 있는데 경찰관들이 와서 그냥 덮쳐 갖고 경찰서에 넘어가서 3일 만에 그냥 (군대에) 간 거야. 그때 당시에 우리 또래가 갔을 적에는 아직 군대 갈 나이가 안 됐는데 그냥 강제로 붙잡혀 간 거야. 나이가 많으면 보급대로 끌려간 거여. 가끔 테레비에 나오잖아. 우리는 전방 배치받고 나이 많은 사람들은 보급대로 가고. 한번 붙잡혀 가면 나오지를 못해. 뭘로 가든지 가야 되니까. 3년간 전쟁을 했거든. 50년에 하고 53년, 그러니까 54년에 휴전이 됐지. 휴전된 해에 내가 입대해서 6사단으로 들어갔는데, 6사단이 그때 어디에 있었냐면 강원도 고성이라고 있어. 거기서 각개전투라고 전국적으로 사단마다 지금 한미 연합훈련 하는 거랑 비슷한 거 그게 지금까지 이렇게 된 거야.

그때 거기서 사격하면서 (눈을) 다친 거야. 그때가 54년도

112

인가 될 거야. 음력 7월이었어, 최고 더울 때. 군인들이 엄청나게 죽었어. 군생활기록부 보면 다 기록이 나와 있어. 내가 이 눈을 왜 다쳤냐면, 한미 합동 훈련이 실질적으로 포탄을 쏘고, 사격을 하고, 실탄을 가지고 전투 훈련을 하는 거야. 우리 군인끼리 적을 만들고 아군을 만들어서 적진에서 싸운다 생각하고 훈련을 하고 있는데 군인들이 어깨에 메고서 쏘는 포가 있어. 포탄을 넣고 엎드려서 쏴야 하는데 이 자식이 엎드리지도 않았는데 땡겨 버려서 터진 거야. 내 옆에 있던 사람은 완전히 그냥 때려버리고, 나 같은 경우는 화약이 (눈을) 때려버린 거야. 나는 화약 때문에 병원에서 치료를 받는데, (눈의) 신경이 안 죽었다는 거야. 내 옆에 있는 그 애는 신경이 다 죽어서 안 된다는 거야. 그 애는 서울 육군병원으로 후송이 되었고, 나는 치료를 받고 부대로 복귀한 거야. 나도 후송돼야 하는데 군인이 없으니까 (후송이 안 되었지). 우리 군대 때는 제대가 없어. 상이용사만 나가는 거야. 한 5년 근무하고 있다가, 대한민국의 제대 2기생이야 내가. 대한민국에서 처음으로 군 복무를 마치고 나오는 두 번째가 된 거야. 군대에 특수부대가 분대에 하나씩 있고 사단도 특공대가 있고 그래. 나는 특수부대로 들어갔는데 고생을 무지하게 했지. 휴전되고 나서 최고 전방에서 철조망을 다 치고 그런 걸 하다 나왔지.

60년대에 서울에 올라왔어. 그때 올라와서 지금까지 서울에 산 거야. 아직까진 (건강이) 괜찮아. 시야만 이렇지. 눈이 좀 안 좋아. 오른쪽 눈은 하나도 안 보이고, 그 (전쟁에서 당한 부상의) 후유증이 완전히 와버린 거야. 왼쪽 눈도 침침해 갖고 뿌옇게, 잘 안 보이거든. 한참 있다가 조금 보이고.

"전부 창설자여 창설자, 내가"

서울에 올라와서는 결혼도 하고 자녀도 낳고 그랬지. 결혼은 스물여덟에 늦게 했지. 처음에는 성동구 상왕십리 신당동에 있었어. 그때는 서울에 종로구, 중구, 동대문구, 서대문구, 성동구, 성북구 그거밖에 없었어. 사대문 안. 동대문구에서 중랑구가 생겼고, 성동구에서 광진구가 생겼고, 서대문구에서 은평구가 생겼고, 마포구에서 구로가 생긴 거야. 강서도 생기고. 내가 서울에 온 지 60년이 넘었어. 우리 지방 사람들이 서울에 와서 이렇게 발전시킨 거야. 도로 공사에다가, 지하철 공사에다가, 빌딩에다가, 우리가 손 안 댄 디가 없어. 아주 대한민국 수도권의 개발은 우리부터 시작된 거지. 박정희가 하긴 잘했는데 너무 독주한 바람에 그 씨앗이 잘못된 거여. 김종필씨 말 듣고 한 번 이선으로 물러났다가 재선을 했으면 괜찮았지. 밑에 사람들 말 듣다가 결국에는 좋은 일 많이 하고 나쁜 사람 된 거여. 박정희 정부가 잘했는데 단 하나 잘못한 게 뭐냐면 우리나라 멀쩡한 사람을 빨갱이로 몰아넣은 거. 대학생들 말 안 듣고 데모한다고 빨갱이로 본 거. 그거 하나 정책적으로 잘못한 거야.

근데 그거를 전두환이가 그대로 물려받은 거야. 청년들이 어마어마하게 죽었지. 반대하는 사람들 다 병신 되고, 그걸 우린 다 목격했으니까. 데모 참여는 안 했는데 내가 서울에 있으면서 4·19가 났고. 자유당 때 부정선거서부터 시작해서 우리 세대가 개발한 거 박자를 맞춰 올라온 거야 지금까지. 그래서 국가가 이렇게 된 거야. 우리 또래 부모들도 마찬가지, 주야로 막 공장에 가서 죽어라 일하고, 새벽인지 밤인지 낮인지 없이 일해. 자식들 먹여 살리려니까 어쩔 수 없잖아. 일제 시대 때 너무 배고픈 세상을 살다 보니까 거기에 한이 맺힌 거야. 우리 국민들이 전부 이를 빡빡 갈고, 공장 같은 거 일으키고 하니까. 남녀 간에 발 벗고 나와서 열심히 한 거지. 그때 뭐 피곤하니 뭐니 없어. 우선 배 갖고 수출해 갖고 돈 받으면 그게 기가 맥혔으니까.

부모들이 전부 허리띠 졸라매고 집 장만하고. 우리는 돈을 버는 게 아니라 자식들을 멕이고 입히고 가르치는 게 목적이야, 우리 생각은. 왜? 일제 시대 다 못 배운 사람들이 전부 다. 75세, 80세 이상은 초등학교 문턱도 모르는 사람들이 근 100%야. 그때 당시 초등학교 나왔다 하면 밥 먹고 살 만한 사람들 딸들이나 댕겼고, (대다수 사람들은) 다 못 댕겼어. 나는 고등학교, 대학까지 갈려고 마음먹었다가 못 가게 되었고. 우리 세대들이 우리나라를 이렇게 만든 거야. 부모들한테 감사해야 해. 70대 미만서부터는 여자들도 초등학교까지 나오고 웬만하면 중학교도 댕기고 이랬지. 60대 중반 이하로는 기술도 가르치고. 우리 세대 자녀들이 공부를 다 최하로 고등학교까지 공부시켰지. 부모님들이 다 고생해서 공부 다 시키셨을 거야. 아마 자라면서 엄마 아빠 사는 거 다 기억이 날걸. 40대 이상들이 우리 자녀들 세대야.

자식 5남매에 아내에 거기에다 내 형제간도 있고 부모도 있고. 내가 다 먹여 살렸잖아. 6.25가 나면서 우리 아버지가 잘못되어 버리면서 가정이 파괴되어 버린 거지. 우리 형님이 재산 싹 다 탕진해 불고, 그리고 형이 불구자니까 뭣을 못 하잖아. 근데 내가 제대하기 전에 살림을 탕진해 버린 거야. 내가 첫 휴가를 딱 왔는데 집도 아니고, 재산이 싹 다 파산되어 버렸더라고. 이 이야기는 마음만 아프니까 할 필요가 없어. 내가 이제 제대해서 와서부터 가정을 새롭게 시작한 거지. 부모 유산은 완전히 다 없어져 버렸고, 내 몸뚱이만 있는 거여.

그때 내가 제대해서 고향에 있어 보니까 챙피하기도 하고 못 있겠더라고. 나하고 같이 군대 생활을 같이하던 동기생이 평택 사람인데, 자꾸 전화를 하는 거여. 마지막 휴가 올 적에 같이 왔는데 인연이 될라니까 그렇게 된 거야. 같은 부대에서 생활하면서 휴가를 같이 맡았다고. 차를 타고 오면서 나보고 "야, 우리집에 들렀다 가자." 그러더라고. 그래서 오다가 평택서 내려서 그때 걔 집에 갔지. 가니까 논이 100마지기가 넘어. 얘 집이 어마어마한 부자더라고. 근데 즈그 큰형이 정미소를 하고 있더라고, 방앗간. 아 그걸 보니까 눈이 딱 돌아가. 방앗간에서 하루 왔다 갔다 하면서 큰형하고 나하고 같이 얘기하다 보니, 저 쌀을 내가 서울로 싣고 가서 팔면은 돈이 많이 남겠다는 생각이 자꾸 드는 거야. 부대 복귀를 했는데 나보다 그 애가 한 달 6일인가, 7일인가를 먼저 제대한 거야.

대한민국에 제대가 처음 생길 때 나간 거야. 내가 2차로 제대 특명을 받은 거야. 그렇게 해서 이제 제대해 갖고 자기 집에 꼭 들르라고 하더라고. 그래서 제대해서 평택을 갔더니 그때 이제 그 군대 동기의 형이 같이 저녁을 먹으면서 나의 가정사를 싹 이야기하라고 하더라고. 그래서 내가 쭉 이야기를 했지. 그러면 집에 가서 부모님한테 이야기를 해서 꼭 올라오라고. 내려가니까 바로 올라올 수가 있으야지. 동생들 있지, 어머니 있지, 기가 막히더라고. 생활할 수 있는 터전을 마련해 가지고 어머니하고 동생들하고 있게 만들고. 제대를 7월에 했는데 8월 초순 지나고 나서 계속 편지가 온 거야. 왜 안 오냐고, 빨리 오라고. 추석을 쇠고 이제 가니까 방앗간에 쌀을 어마어마하게 쌓아놨어. 자고 그 이튿날 아침 먹고는 "야, 느그 형님하고 얘기해서 쌀 한 가마 한 차만 달라 그래라. 우리 둘이 쌀장사 한 번 하자." 그랬더니 나보고 "이 새끼, 간덩이가 크네." 이러는 거야. 점심을 먹고 났는데, 애가 이제 즈그 형한테 간 거야. 내 말이 괜찮을 거거든. 그래서 지 형에게 얘기했던가 봐. 저녁을 먹고 있는데 불러. 갔지. 앉혀놓고 커피 한 잔씩 먹고 "야, 너 애한테 이런 소릴

했냐.", "예, 했습니다. 저거 쌓아두면 뭐 합니까. 팔아야 될 거 아니에요. 돈인데." "너를 뭘 믿고 주냐."고 하더라고. 나하고 같이 군 생활했던 동기생이 그 사람 막냇동생이야. 근데 나보다 한 살 위여. "이 형님을 담보로 잡으면 될 거 아니냐."고 농담 비슷하게 했지. 그랬더니 껄껄껄 웃더라고. 좀 생각해 보자고 하더라고.

그 이튿날부터 그 집에서 내가 일을 도와주게 된 거여. 일꾼들 데리고 가서 벼도 베어주고, 방앗간 일 정미도 해주고, 일꾼들 일 시키고. 일이 많으니까 저녁 먹고도 방앗간 일이 많애. 내가 그럼 일꾼들 데리고 가서 시켰지. 방앗간 주인이 가만 보니까 상당히 내가 지도력이 있거든. 내가 하는 걸 보니까. '저 놈을 내가 데리고 있어야겠다' 생각을 가졌던가 봐. 방앗간에 있자고 하더라고 나보고. "어우, 나 힘들어서 못 해요. 쌀가마 들어내야 하고 하는데 어떻게 해요." 했어. 내가 힘은 있으니까 하는데 한 일주일 해보니까 못 하겠더라고. 못 하고 간다 그랬더니 가면 안 된대. 형이 동생하고 같이 왕십리 쌀도매상으로 가래. 그때 가서 이 일이 시작된 거지.

그 이튿날 아침에 쪽지를 하나 주더라고. 서울 쌀도매상 전화번호하고 주소를 딱 주고 나보고 "야, 내가 전화해 놓을 테니까 둘이 왕십리 중앙시장에 쌀도매상 아무개한테 가서 쌀 받았는지 확인서 받아 가지고 와." 하고 보낸 거야. 그래서 내가 서울 성동구로 들어오게 된 거야. 와 보니까 평택 쌀

118

도매상이라고 크게 간판을 붙여놨어. 찾기도 쉽더라고. 가니까 알아봐. 어쩐 일로 왔냐. 형한테 전화 받았다고. 할 수 있겠느냐고 묻길래 할 수 있다고 했어. 무조건 쌀을 실어다 드릴 테니까 돈을 나 주지 말아라. 돈을 날 주지 말고 쌀 실어다 주면 팔아 갖고 직접 형님한테 부쳐줘라 돈을. 내가 그랬거든. 왜? 그거는 호주머니 들어오면 쓰게끔 되어 있어. 그러니까 나 안 돼. 가만히 내 애기를 들어보더니 보통놈이 아니라는 거야. 머리 돌아가는 것이 한 수 위다. 그래? 알았다고. 그러니까 전화를 했나 봐. 이렇게 이렇게 애기를 하는데 보내줄 수 있냐고. 아 그러면 그래, 해주지! 그렇게 된 거야.

평택읍에 내려가니까 차 한 대를 무조건 계약을 하라는 거야 나보고. 그때 삼륜차가 있었거든. 앞에 바꾸 하나 있는 거, 쪼그마한 거. 그거 하나를 계약을 해 갖고 오라고 하더라고. 차고로 가 찾아보니까 쓸 만한 차가 하나 있어. 한 달에 얼마씩 주기로 하고 세로 좀 하나 쓰자고 계약을 할라고 하니까. 별놈이 다 있네 하고 사장에게 전화를 했나 봐. 차를 세로 달라고 한다고. 사장이 깜짝 놀란 거야. 어떻게 그런 생각을 했냐 이거야. 인제 한 달 쓰는데 얼마 주기로 그렇게 계약을 한 거야. 고장 나면 무조건 또 다른 걸 갖다 쓰기로 계약을 했더니 나보고 놀래, 사장이. 딴 사람들도 놀래고, 방앗간 사장님도 놀래고. 머리도 보통이 아니라고. 지들보다는 한 수 위라는 거야. 계약을 해갖고 왔어. 운전수 하나하고 왔더라고. 차 대놓으면 일꾼들이 쌀을 실어주는 거야. 일주일에 두 탕씩 하니까 와! 돈이 그래 잘 벌려. 나는 돈이 얼마 들어오는지 모르지. 차는 매달 영수증 해 갖고 차 운행비 갔다 주라고 하면 난 보지도 않고 세어보지도 않고 갖다 준 거야. 난 심부름만 한 거지. 이렇게 한 달 딱 하고 나니까 쌀 90가마 값을 딱 계산해 주는 거야. 어마어마하지.

쌀 한 달 값을 받고 가만히 생각해 보니까 이렇게 내가 갖고 있어서는 안 되게 생겼더라고. 방앗간 사장님한테 돈을 준 거야. 이거 키워달라고. 실제로 이 돈을 내가 어떻게 할 줄 모르니까. 사용하지 않을까 해서. 그렇게 해서 집 한 채 값 벌은 거여. 5~6년 했어요. 박정희가 정권을 잡으면서 1년 반인가, 2년인가 있다가 정부미[16]가 생겼어. 우리나라에 정부미가 처음 생긴 거야. 국가에서 정부미가 생겨 가지고 알락미[17]가 들어오기 시작한 거야. 이제 장사가 안 되는 거여. 그래서 내가 이제 거기서 때려 치아뿐 거지. 그러고 평택을 떠난 거야. 그러고 왕십리 쌀장사를 하면서 왔다 갔다 하던 게 발단이 되어 갖고 서울 성동구 신당동에 정착을 한 거지. 거기서 있으면서 쌀장사하면서 생긴 걸로 집을 사서 어머니를 모셔오게 되고 동생들 데려오게 되고, 그렇게 돼서 60년대에 내가 이제 서울에 자리를 잡게 된 거야. 아, 좋았던 일도 많지. 내가 건설회사를 했거든. 대한민국 집 짓는 것을 처

---

16) 생산된 쌀 중 쌀값 조절을 위하여 정부가 사들여 관리·유통하는 쌀을 말한다. 1971년 쌀 부족 문제를 해결하기 위해 통일벼를 개발하면서 정부미라고 불렀다.

17) 1960년대 초에 안남미(베트남쌀)를 변형하여 부른 것이다. 일제 강점기엔 쌀이 부족하여 베트남에서 수입하였다.

음 시초서부터.

모든 게 개척자여 개척자. 예비군 훈련도 개척자여, 내가. 박정희 정권 들어서면서 예비군 훈련이 생겼는데 전부 창설자여 창설자, 내가. 쌀장사를 그만하고, 김도매상을 한 거야. 을지로 중앙시장 있잖아. 거기다가 가게 조그마한 거 하나 얻고 거기서 김장사를 시작한 거야. 역사가 깊어 내가. 여러 가지로 엄청나게 별 장사 다 해봤으니까. 안 해본 게 없이 이것저것 손을 대봤지. 그래서 안 되다가 박정희가 완전히 자리잡고, 정부가 진입하면서 집수리를 시작한 거야. 평창동에서 충무로, 원곡동 가보면 지금도 있잖아. 옛날 집, 기와집. 일제 시대에 사용하던 게 낡아졌으니까 그거를 싹 칠을 해서 새로 좋게 만든 거지. 그걸 내가 시작한 거야. 결혼을 하고 나서 70년, 60년 말에 사업자등록증을 하나 내고 건설업을 슬슬 시작했지. 그렇게 해서 애들 가르치고, 동생들 결혼시키고, 그렇게 지금까지 온 거야.

나는 실패를 두 번 해봤어. (건설업 하다가 사기를 당해서) 90년대 완전 거지가 된 거지. 그때는 뭐 건설업이라고 할 수도 없고, 여러 가지로 사람들 델고 댕기면서 하청받아 일도 하고, 내가 직접 지어서 팔기도 하고, 그때는 땅 가진 사람이 하청을 해 가지고 나는 지어주고, 자기는 땅 대고 팔아서 같이 노나. 땅값 주고, 공사비, 일꾼 노나 갖고, 한 20년 그렇게 해서 애들 다 가르치고, 출가시키고 하다가 실패를 하니까 거지가 또 돼 불더라고. 애들 다 가고, 자기들 살기도 바쁘고 힘들고. 나는 또 집사람이 이렇게 되니까(돌아가셔서) 혼자 되었잖아. 그래서 내가 교회로 들어간 거야. 신앙생활 하면서 교회에서 먹고 자고. 내 몸뚱이 하나니까, 걸거칠 게 없잖아. 뭐 애가 있어 뭐가 있어. 그렇게 자동으로 독거노인이 돼 분 거여, 내가. 한 20년간을 이렇게 사는 거지.

"1급이 아니고 6급입니다"

국가에서 지원받는 건 생활보호대상자[18] 말고는 (군대에서 부상당한 것에 대한 보상이나 지원받는 건) 없어. 내가 종로에서 있을 적에 군 그쪽에서 이제 사유가 나왔더라고 보훈처에서. 종로구청 담당자가 구청으로 오래. 내 군생활기록부가 육본 (육군본부)에 다 있거든. 구청에서 면담을 해보니까 6·25 참전 용사가 될 것 같으니까 육군본부에다가 신청을 한 거야. 신청한 지 나는 몰랐지. 두 달인가 있었는데 연락이 왔어. 오래서 가니까 구청에서 담당자가 데리고 가더라고. 군생활기록부를 딱 가져왔어. 이게 보훈처에서 참전 용사가 돼야 되는데, 안 됐기 때문에 못 받는대.

왜냐면 6·25 휴전되기 전에 입대해서 군번을 달았어야 해. 오늘 12시 휴전되었다 그러면 12시 안에 되어야 참전 용사

---

18) 과거에는 생활보호법이 시행되어 대상자를 생활보호대상자라고 했으나, 1999년 국민기초생활보장법 시행으로 이후에는 기초생활수급자로 변경되었다. 수급자로 선정되면 매월 기초생계급여가 지급되며 의료, 주거 등의 지원도 있다.

가 되는데 그 시간 넘으면 해당이 안 되는 거야. 딱 나와 있어. 휴전된 후에 2년 있다가 훈련을 했기 때문에 안 되는 거야. 그것도 전시에 휴전되기 전에 했으면 되는 거야. 우리끼리 했어도 6·25 휴전되기 전에 했으면 되는 거야. 근데 모든 것이 휴전된 후로는 다 뭐가 안 되는 거야. 해당이 안 돼. 전사를 해도 휴전되고 난 후에 전사하면 아무 효과(보상이나 지원)가 없어. 오른쪽 눈은 실명이 되었기 때문에 내가 그때 이야기를 해줬거든. 구청에서도 병원에서도 "6·25 참전으로 그런 일이 있었잖아요." 해서 아까 내 이야기를 조사한 거야. 세밀하게 싹 조사를 했더라고. 구청에서 담당자가 직접 다 확인이 되고 기록이 다 있어. 한 달 넘게 세밀하게 조사하고 소령하고 대위하고 중사하고 사병하고 네 사람이 확인서에 사인까지 다 했더라고. (담당자도) "어르신 이렇게 됐는데 진짜 너무 억울하게 됐다."고 하더라고. 제대로 하면 될 수 있는 문제인데 이게 안 된다고. 국가적으로 되어있기 때문에. 그때는 전방이 따로 없었거든. 그래서 우리가 휴가 나올 때도 완전무장해서 나왔거든. 밤에도 그냥 팡 소리 나면 쏴 죽이고 그러니까 전방이 없고 후방이 없었어, 그때는. 그렇게 해서 죽어도 혜택을 못 봤어.

종로에 있을 때 동사무소에서 연락이 와서, 안과에 가서 시력 확인서를 떼어와 접수시키라고 하더라고. 종로2가 ○ 안과에서 3개월 검사 기록한 걸 가지고 접수를 했어. 내가 아니고 병원에서. 3개월인가 4개월인가 되니까 구청에서 오라고 해. 가니까 시각장애인 1급으로 나왔더라고. 내가 지금 도 갖고 있거든. 주민등록증처럼 해서 줘. 1차 나왔는데 2차 또 갖고 오라고 연락이 왔어. 이명박 정부 때 모든 걸 다 재 검토를 한 거야. 안과 박사들이 다섯 사람이 검증을 한다더라고. 정부에서 다시 검증을 하라고 지시가 내려가니까 ○안과에서 멍청한 의사가 겁을 내고 살살해서 넣은 거야. 잘못될까 봐. 나는 그게 뭔지 몰랐지. 그러고 있는데 그냥 1년이 지나고 4월인가 오라고 해서 갔더니 "시각장애인이 1급이 아니고 6급입니다." 하더라고. 그냥 그런가 보다 그랬지 뭐. 얘기할 게 뭐가 있어. 정부에서 하는 일인데. 이렇게 타격이 있을 줄은 몰랐지.

그러고 나서 3~4년 지나서 주변 사람들이 그려. 이명박이 나쁜 ○○라고. 뭔 소리여 그랬더니 이 새끼가 환자들 급수를 전부 재조정을 해버렸다 이거야. 그래서 "그래요? 아 나도 그렇게 된 거구나.", 그러고 말아버렸거든. 이렇게 중한지를 몰랐지. 지금 보니까 (지원금이) 엄청 차이가 나 뿐 거야. 1급은 돈이 1년에 한 200만 원 나오대.[19] 근데 나는 한 달에 4만 원. 6급, 5급, 4급까지는 금액이 똑같더라고. 3급부터는

19) 장애인연금, 장애수당. 장애인연금은 만18세 이상 장애인연금법상 중증장애인 중 소득인정액이 선정 기준액 이하인 자(단독가구 1,220천 원/부부가구 1,952천 원)에게 지원된다. 기초급여와 부가급여로 나뉘는데 기초급여는 65세 이상은 (노령연금과 중복) 지급되지 않고, 부가급여는 기초생활보장수급자의 경우 매월 38만 원 지급된다. 장애수당은 장애인연금법상 중증이 아닌 장애인 중 국민기초생활보장수급자 또는 차상위계층 등에게 월 20만 원을 지급한다. 2015년 이후 처음으로 올해(2022년) 장애수당이 월 4만 원에서 6만 원으로 인상되었다. (263쪽 알아두기 참조)

확 달라져서 3급만 해도 70만 원인가 되더만. 박근혜가 정권 잡으면서 종합병원 안과 진찰권을 갖다 넣으라고 하는 통지서가 왔어. 귀찮아서 그냥 말아버렸거든. 말아버렸더니 그 뒤로 말이 없어 이제. (다시 신청하는 건) 때가 있는가 보더라고. (신청이 되면) 동(주민센터) 직원들이 얘기해 줄 텐데 말이 없으니까 없는 거지 뭐. 뭔 말을 하나 하면 그냥 노안이 온 거라고 하더라고. 나이가 들면 자동으로 눈이 나빠지니까. 내가 잘 안 보여서 동사무소에서도 다 아는데도 그런 말 안 해주더라고. 이따 오후에 가봐야겠네. 너무 힘들어, 생활이 너무 힘들어. (가족이나 다른 데서 받는 생활비) 10원도 없어서 이렇게 하고 사는 거야. 그래도 지금은 국가에서 이렇게 해주니까 얼마나 좋아. 옛날에는 그런 것도 없어서 엄청나게 고생을 했지.

아 참, 푸른 마케트?[20] 구청에서 운영을 하는갑드만. 그걸 와서 가져가라는데 그것도 한 1년씩이여. 작년에 갖다 먹었는데 만기가 됐다고 취소하느냐 했는데 벌써 1년이 넘었나 봐. 문자로 왔어. 동사무소 가서 신청을 받는 모양이야. 7월서부터 가져가라 했는데. 마트? 마케트? 거기 가면 뭐 된장, 간장, 라면 막 이런 게 한 달에 한 번씩 나와. 작년 면목 거기서 해 갖고 몇 달 만에 갔더니 잔뜩 주더라고. 지금은 이제

---

20) 구술자가 말한 '푸른 마케트'는 '중랑푸드마켓'으로, 기업 또는 개인으로부터 기부받은 식품 및 생활용품을 어려운 이웃들이 편의점 형태의 매장을 직접 방문하여 원하는 기부물품을 선택할 수 있는 나눔 제도이다. 관내 주소를 둔 기초생활보장수급자, 차상위계층, 긴급지원 대상자 등을 선정하여 지원한다.

구청 옆으로 옮겼어. 작년 1년을 갖다 먹었는데 만기가 됐다고 1년을 쉬라고 하더라고. 근데 또 벌써 1년이 됐나, 연락이 왔어. 와서 가져가라고. 이따가 요거 끝나면 동사무소 가서 신청해야 돼. 전기, 도시가스는 기초수급자 혜택 받아. 정부에서 준 것도 카드로 받아서 써.

"내 아는 사람들 다 가고 없어"

여기(중화동)에 온 지가 6년하고 3년…. 하여튼 국회의원을 여기 와서 세 번 뽑았어. 박홍근 있을 때 와 갖고…. 구청장은 네 번. 이 동네 와서 산 지 오래됐구나, 그러고 보니. 방을 얻을라고 돌아다니다 보니까 여기까지 온 거여. 중랑구 여기가 교통도 상당히 좋아. 서민들 살기에 좋더라고. 종로구 포이동,[21] 청와대 있는데 거기서 살다가 여기로 온 거여.

작년에도 그렇게 물이 차서 여기 턱을 일부러 만든 거야. 매년 물이 차. 그래서 구청에서 와서 확인해서 사진 찍고 도배를 싹 발라줬어. 좋은 걸로 해줬는데 또 젖어서. 이 집 옥탑에서 살다 보니까 추워서 못 살겠어. 특히나 겨울에 보일러 터지니까 정신이 다 없는 거야. 보일러 얼어 터져 가지고 그것도 내가 다 고쳐서 여기 딱 내려왔더니 (같은 집 반지하 방으로 이사) 물난리가 난 거야. 여기 내려와서 물난리 두 번 당

---

21) 포이동은 강남구이므로, 구술자가 말한 포이동은 종로구 통의동 또는 통인동의 오류로 추측된다.

한 거야, 시방. 작년 비가 많이 왔잖아. 그때 다 젖어 부렸어. 비가 와서 무거운 냉장고, 장롱 이런 걸 움직였더니 어깨가 하도 아파서 병원에 갔더니 물렁뼈가 다 없어져 버렸대. 힘들고 무거운 걸 절대 못 들게 하더라고. 뼈가 뼈끼리 부딪치니까. 굉장히 오래간다고 하더라고. 구청에서인가 보건소에서 온 건가. 하여튼 운동하라고 (스트레칭 포스터를) 주길래 하려고 하는데 어깨가 너무 안 좋아. 나는 인자 운동신경이 돼서 할라 했는데 양쪽 어깨, 엉덩이, 허리 여기가 지금 말을 안 들어.

저번에 방에 있던 노인네가 주인아줌마여. 근데 몸이 안 좋아. 그래 갖고 허리, 다리도 못 쓰고 어디 갈려면 기어다니고. 여기 것(짐들)은 내 거고 저쪽에 것은 주인아줌마 꺼여. 내가 해줘야지 누가 해줘. 아직도 (수해 복구가) 덜 끝났어. 이제 방 말리니까 다시 원대 복귀해야 될 거 아녀. 해줄 사람이 없어. 서로 늙어가면서 이제 내가 해줘야 하는데 너무 팔이 아프니까. 숟가락질도 잘 못 해. 지가 나를 도와주고 내가 지 도와주고. 말동무도 되고. 내 둘째 동생하고 동갑이야. 식사도 같이 하고. 내가 반찬 같은 거 하려면 한참 걸리는데 그걸 해주니까 좋아. 몸이 아프니까 앉아서는 다 하거든. 내가 시장 봐서 주면 앉아서 다듬고, 끓이는 건 내가 서서 끓이고. 그러고 살아. 동생 같고 그러니까. 집주인은 아주 가족처럼, 나를 친오빠처럼 대해. (집주인) 자녀들이 즈그 엄마를 내가 보호해 주고 이러니까 굉장히 고맙게 생각을 해. 완전히 큰

아버지처럼 해부러. 왜냐하면 가정 일을 다 봐주잖아. 즈그들 해야 할 일을. 즈그 엄마 몸 아프면 병원에 다 데리고 가고. 나도 이제 어깨가 아프니까 병원에 가지만, 내가 아파 보니까 몸 아픈 사람 불쌍해.

(전에는 만나는 사람들이) 많았었는데 신앙으로 묻혀서 교회로 들어가 부니까 세상 친구들은 다 떨어져 부러. 왜? 내가 담배 안 피우고, 술 안 먹으니까 세상적으로 친했던 친구들이 다 멀리해 분 거야. 멀어지면서 하나둘 세상을 떠난 거야. 70대 되니까 거의 다 간 거야. 대기업 회장들도 내가 많이 알았는데 그 사람들도 다 간 거야. 나이가 이제 90 가까이 되어 보니까 이렇게 된 거야. 세상살이가 이제 가정을 이끌고, 부모도 모시고 살지마는 가정의 중심은 여자여. 내가 살아보니까 남편이 돈 벌어 오면은, (돈을) 만들어 갖고 집도 장만하고, 집 장만해서 여유가 있으면은 상가 같은 것도 잡아놓고, 이렇게 해서 재정을 여자가 움켜잡고 살아야 하는데 나는 그러지를 못했어. 그게 실패야. 재정관리를 못 해 분 거야, 마누라가. 모든 주권을 나한테 맡겨뿐 거야. 그러니까 남자는 사업을 하다 보면 이것도 하면 될 것 같아서 투자도 하고 그러는데 남자가 돈을 가지고 휘두르다 보니까 감당을 못한 거야. 7, 8년 근 10년간을 그렇게 하다 보니까 완전히 거덜나 분 거여. 그렇게 살다 보니께 마누라가 세상을 떠 분 거야. 붕 떠 불잖아 공중에. 돈 몇 푼 있는 거 그게 뭐야. 세계일주 한 번 못 해보고 끝난 거야.

그러고 나서 내가 교회 생활을 하니까 교회에서 인자 여전도회, 남전도회, 청년회, 학생회, 교회에서 사는 사람들이 같이 쌀 모으고, 반찬 같은 거 해주고, 빨래 다 해주지, 잠자리 있지, 먹는 거 신경 안 쓰지, 그니까 내가 할 일이 성경책 보고, 기도하고, 교회 생활에 내가 묻혀버리니까 세상적인 것은 전혀 모르게 돼 분 거야. 가만히 생각해 보니까 이래선 안 되겠다 싶어서 포이동으로 와 자리 잡았다가 방을 얻는다고 여까지 온 거야. 이 동네에는 (자주 만나는 사람이) 없어. 왜냐하면 사귈 만한 사람이 없어. 동사무소에서 나보고 노인정도 가자고 하더라고. 노인복지카드 가입을 시켜주고 하도 오라 싸서 한번 갔어. 코로나 터지기 전에 갔더니 점심을 거기서 해 주드만. 나는 그것도 몰랐어. 가니까 운동하는 데도 있고, 노래하는 데도 있고, 바둑, 컴퓨터, 장기 하는 데도 있고, 다 있더라고. 근데 가서 가만 보니까 나하고는 수준이 안 맞어. 한 2주 댕겨 보니까 영 아니야. 가서 보니까 여자든 남자든 노인네들 둘이 짬뽕이 돼 갖고 춤춘다고, 노래 부른다고. 하이고, 당구를 한번 해볼라고 하니까. 하이고, 서로 잘한다고. 에이, 안 가 부렀어. 근데 코로나가 터져 가지고 또 못 가게 되어 부렀잖아. 자치회(주민센터)에 신청했더니 점심을 또 계속 갖다 주드만. 아홉 시서부터 열 시 사이로 밥을 해다가 여기 딱 걸어 놓더라고. 근데 이제 그것 또 안 갖다 놔. 한 2년 됐어, 지금. 점심을 갖다 두니까 좋더라고. 반찬도 남으면 저녁에 먹기도 하고. 아 근데 그것도 없어졌어.

마이 살았어. 내 주변에 내 아는 사람들 다 가고 없어. 세 사람 있어, 세 사람. (자녀 중에) 막내가 마흔여섯이야. 큰딸이 육십 다 됐는데. 딸 넷에 아들 하나. 오 남매인데 전부 이민가 있어. 캐나다, 태국, 호주. 큰애 가니까 다 가더라고. 가라고 했는데 지금 생각하니까 잘못된 거야. 아내는 하늘나라로 갔어. 이십 년 가까이 됐어. 갑자기 그렇게 되는 바람에 내가 이렇게 (혼자 살게) 된 거지. 그냥 내 인생이 이렇게 살다 가면 끝나는 거야. 내년이면 90인데 뭘.

"젊어서는 한 가닥 했지"

어르신들 한 열 분씩 그룹을 지어서, 일주일에 한 번씩 만나서 체조도 하고, 화분도 심고, 간단한 반찬도 만들고 하는 건강모임을 만들어 보려고 하는데 어르신 건강모임 하면 나와서 같이 모임하시면 어떨까 싶어요. 지금 건강하시니까 혼자 집에 계시는 거보다 저희랑 같이 운동도 하시고, 이야기도 나누시고 이러시면 조금 덜 심심하시지 않을까요?

글쎄, 내가 생각해 보고. 나는 음악에 소질이 있어서 노래 활동을 좀 했었어. 가수협회에 등록이 되어 있어. (협회 기념패를 보여주며 지금까지 보였던 모습 중 가장 뿌듯하고 행복한 표정을 지었다.)

구청 복지과에서 협회에 신청, 초청해서 (공연을 해). 우리 모임에 80명이 되거든. 회장도 돌아가셨고 활동을 한 사람들이 많이 세상을 떠 부러 갖고. 우리 모임에 80대 멤버가 있었어. 엄청 크게 활동을 하다가 내가 또 여유 좀 있을 때 가요계에 투자도 했고. 그렇게 활동을 했는데 나하고 같이 활동하던 회장이 지병으로 세상을 떴어. 팔십다섯인디, 이 사람은 대통령 후보까지 나왔던 사람이야. 이명박이 하고 만나고 하다가 우리가 못 나가게 했지. 무슨 정치를 하느냐 하다가 같이 활동을 하다가 갔고. 이제 젊은 세대들이 하고 있으니까 거리가 멀어지지. 송해도 가 부렀지. 송해도 나를 상당히 좋아했고, 나도 좋아했고. 원래 내가 군대생활 할 적에 전국군가요 콩쿨에 나가서 입상을 했어. 남산 제일방송국 스테레오룸에서 1년에 한 번씩 하는 연말대회 나가서 2등 했었잖아. 젊어서는 한 가닥 했지. 아, 오래됐지. 신앙생활하면서 떠나 부렀었어. 나이가 먹어 갖고 교회에서 은퇴를 하니까 내가 또 너무 외로워지잖아.

그러다 고 회장이 아침에 전화가 왔어. "아, 나 회장님, 좀 만나요!" 그러더라고. "웬일이여?" 그랬더니 "아, 이제 신앙생활 좀 그만하고 세상일에 관심을 좀 가져요. 형님하고 같이 해야겠어." 그러더라고. 그래서 인제 한 지가 7~8년 돼. 한 12년 가까이 돼. 쭉 활동해 왔던 곳이니까 고문으로 이렇게 원로가수 고문으로 된 거야. 사회적으로 이제 활동을 막 시작할라 그랬는데 코로나가! 은평구, 양천구 몇 개 구를 댕겼어. 그러다가 코로나 걸리는 바람에…. 혼자 이렇게 있으니까 심심하잖아. 가수들이 하는 노래교실 몇 군데 있어. 종

로 뭐 이런. 거기 가면 대환영이지. 지금도 계속 나보고 오라
고. 형님 나오시라고. 코로나가 너무 심항게 안 가. 그전에는
한 달에 한두 번씩. 지금도 가면 엄청 반가워하지. 그런 모임
이 있으니까 복지센터나 이런 모임 같은 곳 가면 씨알이가
안 먹혀. 마음이.

2021년 10월 한국가수협회로부터 받은 공로패다.
코로나가 끝나면 그는 다시 노래를 부를 것이다

나철균 님을 만나고

오지은

비에 잠겨 눅눅하고 마르지 않은 방에서 더운 여름을 보내고 계신 나철균 님을 뵙고 마음이 눅눅해졌던 첫 만남. 비에 잠겼던 방의 축축한 공기 그리고 곰팡이가 배어든 벽지, 이번이 처음이 아니라고 하셨다. 비에 잠긴 방들이 복구되는 데 시간은 또 얼마나 걸릴까. 복구가 되고 나면 추운 겨울이 찾아올 테고, 겨우 추운 겨울을 이겨내면 잠깐의 봄을 지나 또다시 무더운 여름 그리고 어김없이 장마가 나철균 님의 삶에 들어올 것이다. 이 정도의 침수피해는 뉴스에도 나오지 않는 현실을 마주하며 여전히 보이지 않는 곳에 있는 사람들을 생각하게 했다.

호기롭게 시작한 쌀도매 납품에 이어 김도매상, 건설업까지 자식과 가족들을 위해 허리띠를 졸라매고 막중한 책임감으로 그저 열심히 살아온 나철균 님은 이제 돌볼 가족이 없다. 피곤함도 잊은 채, 자식들을 먹이고 입히고 가르치기 위해 열심히 살아왔지만 정작 치아치료로 식사도 제대로 못 하여 살이 부쩍 빠져 힘들어하시는 나철균 님을 돌볼 누군가도 없다. 기본적인 삶을 영위하기 위해 시작한 치과 치료비는 다시 허리띠를 졸라매게 했는지도 모른다. 나이가 들면서 자연스럽게 마주하게 되는 질병조차도 취약계층에게 더 가혹한 영향을 미치고 있다. 열심히 살아온 본인의 지난 시간을 자부심 넘치는 모습으로 이야기하던 나철균 님이 힘든 기색이 역력하게 "힘들어, 너무 힘들어, 생활이 너무 힘들어."라며 고개를 절레절레 흔드셨던 유일한 순간이 그것을 말해주고 있다.

하지만 내가 느낀 그의 가장 힘든 시간은 '그냥 막 강제로' 잡혀간 군대에서 훈련 중에 부상을 당해 오른쪽 눈의 시력을 잃게 되는 후유증이 생겼지만 아무도 책임져 주지 않았던 시간이 아니었을까 생각한다. 6·25 전쟁 휴전 상황에서의 부상과 전사는 아무 보상이나 지원이 없어 국가보훈대상자가 될 수 없음은 물론이고, 시각장애인 판정조차 정부 정책 변경에 의해 1급에서 6급으로 재조정되었어도 정부에서 하는 일이라서 '그냥 그런가 보다' 하셨다는 나철균 님의 이야기는 한 국민이 감당해야 하는 무게라고 하기에는 너무 크게 느껴졌다. 병적기록표에 기록이 남아 있어도 국가는 그에게 어떠한 보상도 없었다. 나철균 님은 그렇게 자기 삶의 몫으로 실명된 오른쪽 눈을 당연하게 받아들이게 되었는지도 모른다. 6·25 전쟁으로 아버지를 잃고, 휴전 중에는 한쪽 눈까지 잃었지만, 그는 억울함을 느낄 새도 없이 국가 정책의 변화에 따라 무력하게 삶을 내어준 것 같았다. 당장 먹고사는 문제가 해결되지 않으면 제도적으로 불합리한 일을 겪어도 목소리를 내기가 더욱 어려울 수밖에 없으니까. 여전히 나철균 님은 본인의 상태를 잘 알고, 본인보다 지원 정책을 잘 알고 있는 주민센터 직원들에게 의지하며 "그래도 지금은 국가에서 이렇게 해주니까 얼마나 좋아."라고 말씀하신다. 하지만 부당한 경험이 절대 운이 없어 겪는 일이 아니라는 것, 삶에 영향을 미치는 정책에서 소외되고 있다는 것에 대해 우리는 함께 이야기하고 행동하며 방법을 찾아야 한다. 그렇게 우리는 당연하게 생각했던 것과 익숙한 방식을 돌아보며 함께 살아가는 더 나은 삶을 생각해야 한다.

이지아

올여름 기록적이었던 폭우에 빗물이 나철균 님의 반지하 방으로 흘러들었다. 꽤 높이까지 물이 차 냉장고부터 모든 세간살이를 하나하나 옮기고 물기와 곰팡이를 닦고 방을 말리고 짐을 다시 제자리에 정리하느라 두 번째 인터뷰가 미뤄졌다. 겨우 다시 잡은 만남에서 치아치료로 식사도 제대로 못하여 많이 말랐다고 힘들어하면서도, 나철균 님은 우리 질문에 매번 자신의 과거를 세세하게 묘사하고 작은 일들도 비교적 정확하게 기억해내어 들려주었다.

매년 반복되는 침수피해는 주거취약계층에게만 유독 가혹한 재난불평등 참사다. 2023년 공공임대주택 예산안은 올해보다 30%나 삭감되었다니, 약자를 위해 집중적으로 쓰겠다던 복지예산이 구체적으로 어떻게 반지하 방의 재난을 막는

다는 건지 이해되지 않는다. 살던 곳에서 남은 삶의 시간을 보내고 싶은 이들에게 안정적인 주거는 가장 필수적으로 보장되어야 할 조건이다.

납치되듯 입대한 군대에서 부상당해 한쪽 눈의 시력을 잃었지만, 전시가 아니어서 보훈대상이 아니라는 심사 결과를 들었을 때도, 정권이 바뀌며 장애등급이 재판정되어 1급에서 6급이 되었을 때도 나철균 님은 '그냥 그런가 보다' 하고 받아들였을 뿐이다. 아버지와 형을 대신해 가족을 부양하고 다섯 자녀를 '먹이고 입히기' 위해, 돈도 인맥도 없는 상황에서도 자신의 일자리를 만들어내는 기지를 발휘하며 평생 쉬지 않고 일했지만 지금의 고단한 삶에 대한 불만을 드러낸 적도 없다. "힘들어, 너무 힘들어."라는 말 외에는 별 감정 표현도 없이 긴 이야기를 들려준 그는 그저 해야 한다고 믿었던 일들을 성실히 하다가 이제 나이 들고 어쩌다 홀로 남게 된 한 시민이자 이웃이었다. 소위 태극기부대로 불리며 완고하고 소통이 어려우며 편향된 정치의식을 가지고 있을 거라 여겼던 남성 노인에 대한 편견과 거리감은 두 번의 만남과 네 번의 통화를 통해서 말끔하게 사라졌다.

다시 만나게 되면 그가 혜택이라고 말하던 국가의 지원이 지극히 당연히 누려야 할 것이며 눈치 보지 않고 요구할 수 있는 기본적인 것들이라고 말하고, 그가 받을 수 있는 장애등급과 지원에 대해 다시 확인하러 동 복지센터에 함께 가보려 한다.

박미숙 님 구술

봉제일이 너무 재밌어

대담 및 기록

공지원 · 장이정수

박미숙 님

2022년 현재, 만69세.

    1953년, 인천 북구에서 태어났다. 꿈 많은 소녀였고 태평섬유를 시작으로 부천과 안양 등지에서 봉제노동을 했다. 박미숙의 어머니 역시 일제 강점기에 인천에서 봉제노동을 하였다. IMF 이후 봉제노동 현장을 떠났고 97세의 어머니와 2022년 여름 이별했다. 아직 아픔을 떨치지 못하고 있다. 30여 년 몸담은 봉제일을 사랑했고 지금도 하고 싶어한다.

"외국 팝송을 좋아했어"

인천시 북구 청천동 107번지에서 태어났어. 그때 동네는 전부 초가집이었고, 밭들이 많았어. 몇십 년 동안 길 난다, 길 난다 그랬는데 길은 안 나고. 진흙밭이었어. 장화가 없으면 안 되죠. 학교 가는 길은 논이야, 지금은 서울 시내보다 더 번창이 된 거예요. 학교 다닐 때 버스를 타면 책가방 끈이 몇 번이나 끊어져. 사람이 너무 많으니까. 그때 교통비가 삼 원이었어요. 회수권을 사면 이원오십 전. 그때 땅 한 평이 삼 원이었어. 학교에서 걸어와 갖고, 그때는 1원짜리가 지폐였어요, 오십칠 원을 모았는데 그걸 우리 셋째 고모가 쓴 거야. 땅 이십 평 살 돈을. 고모가 셋이었어.

동네 이름이 쓰레기통이었어. 우리 동네 거기가. 쓰레기통 거기는 뭐, 근데 거기 아파트가 지금 말도 못하게 올라갔어. 그리고 문둥이촌[22]이 있었지. 동네 뒤에 문둥이들이 살아 가지고 거기서 계란이 엄청 많이 나왔어. 우리 학교 다닐 때 문

22) 나병(한센병)에 걸렸던 시인 한하운은 1949년 수원에 모여 살고 있던 70여 명의 한센인들과 함께 만월산 기슭, 즉 부평공동묘지 인근의 골짜기로 들어와 성계원(成蹊院 또는 성혜원)에서 살았고 나중에는 그 수가 600여 명에 이르렀다. 주로 닭과 돼지를 키우며 생계를 이어나갔고 한때 인천에서 유통되는 달걀의 80%가 이곳에서 생산되었다. 이후 국립부평나병원이 들어섰고 정부는 이곳에 거주하는 한센인들에게 부평농장 내 땅을 1필지씩 무상으로 주면서 자립을 하도록 했다. 나중에 소록도로 한센인들을 집중시키고 이곳의 나병원은 1968년 폐쇄되었으나 완치된 한센인들은 인근의 경인농장, 청천농장에 모여 살았다. 출처: 『만화로 보는 교과서 인물』(아울북)

둥이들이 그 산에서 양계장을 했어. 공동묘지 있는데 나병 환자들이 많았어. 어렸을 때 기억에 막 코도 문드러지고, 손가락도 없고. 우리 학교에도 몇 명이 왔어, 개들이랑 안 놀았지.

내 위로 딸이 셋 있고 내가 넷째 딸인데 우리 어머니가 나를 낳고 할머니한테 구박을 얼마나 받았는지, 미역국을 갖다가 이렇게 바닥에 탁 내려놓고 먹으라고 그랬대요. 어머니는 미역국을 못 잡쉈대, 체해 갖고. 우리 아버지가 다 잡쉈다고 그러더라고. 우리 아버지가 외아들이니까. 외며느리 고운 데 없다고 우리 어머니를 얼마나 구박을 했는지. 우리 어머니는 조그마하시거든. 얌전하고 충청도 분이라 조용하시고. 그런데 딸 낳아 가지고 그렇게 구박을 받고 그랬어.

그러다 남동생을 낳았어요. 남동생 이름이 박상철인데, 상철이라 하면 우체부가 주소 안 써도 107번지로 알고 왔어. 아들 낳고 나니까 온 동네가 뒤집어지는 거지. 그때가 6월인데 고추가 아직 빨갛게 안 익었는데 그걸 갖다가 빨간 물감을 칠하고. (대문에 걸고) 미역국에다가 고기 넣어서 어머니 갖다 주고. 어머니가 그 동생을 한 번도 못 안아줬대. 할머니가 맨날 안고 다니고 업고 다니셔서 할머니 등이 노랬대. 맨날 오줌 싸 가지고. 어머니가 한 번도 못 길렀다고 그러더라고요. 할머니가 원체 난리 쳐 갖고. 큰고모가 시집가서 아기 낳고 이제 한 세 살 다섯 살 서부터 한 열몇 살까지 한 20명이 마당에서 뛰어놀아. 그럼 우리 할머니가 어디서 오셔 갖고 우리 동생만 손잡고 저만큼 가서 치마 이렇게 들추고, 보면 개만 먹이는 거야. 그럼 뒤에서 애들 뛰어놀다 다 쳐다보는 거지.

둘째 남동생 낳았는데 걔는 또 별로야. 걔는 별로고, 큰애만 애지중지. 그러니까 손주는 치사랑이고 자식은 내리사랑이라잖아요. 우리 어머니가, 나를 두고 어디 가면 할머니가 때릴까 봐 꼭 업고 다니셨대. 그래서 어머니 사랑은 많이 받았지. 일곱 살 때 아버지랑 냉면 먹고 와서 할머니한테 얘기하지 말라고 했던 게 기억나. 할머니 알면 난리 나지. 그리고 아침에 아버지랑 일어나서 대문을 열었는데 눈이 많이 온 거야. 참새 두 마리가 죽어 있었어. 아버지랑 죽은 새 봤던 기억이 나. 아버지는 막내가 세 살, 내가 일곱 살인가 그때 돌아가셨어요. 우리 아버지는 농사를 지은 게 아니고 인천중공업 다니셨는데 술 잡숫고 전보선대 올라가서 고치다가 떨어지셔서 돌아가셨어. 겨울이었는데 아버지 돌아가셨다고 이불들 가져가고 그런 기억이 나요. 아버지 돌아가시고 인천중공업에 다니는 간부가 우리 어머니한테 그러더래. 애들 다 대학 가르치고 시집 장가 보내고 남을 만큼 보상금 넉넉하게 나왔으니까 걱정하시지 말고 너무 슬퍼하지 말라고. 근데 돈을 이제 할머니가 받은 거지.

보상금으로 동네 이름이 산너머인데 거기다가 논을 열두 마지기 샀다고 그래요. 그럼 이천사백 평이지. 그때부터 둘째, 셋째 고모네가 뻔질나게 살다시피 와. 이제 이 고모가 들

어오면 실컷 거기 일곱 식구 우리 몇 식구 하면 한 열몇 식구
가 밥을 먹잖아요. 지금 생각하면 어떻게 그걸 다 하셨을까.
가마솥이 큰 게 있었어. 거기다 밥을 하면 밥이 항상 없어.
우리 식구들이 밥을 못 먹어. 그래서 고모네 집 얻어주고 가
게 하나 차려서 내보내면 이제 둘째 고모네가 또 들어와. 그
러니 어떤 때 보면 겨울에 우리 어머니가 총각무 이만큼을
무슨 벽같이 쌓아놓고 앉아서 혼자 다듬으시는 거야. 배추를
한 250포기씩 김치를 하고 총각무를 혼자 다 하고 짠 무 담
가 놓고. 그때 불 때서 마당에다가 이렇게 큰솥 걸어놓고 칼
국수 끓였던 생각이 나요. 마루에다가 큰상 두 개 펴놓고 거
기서들 한 스무 명이 먹는데 그거를 어머니가 다 한 거야.

　그런데 이제 집에 텃밭이 많잖아요. 그러면 텃밭에다가 마
늘 감자 파 이런 거 막 심어놓으면 마늘 좀좀 올라올 만하면
다 뽑아 갖고 할머니가 딸네 갖다 주는 거야. 엄마가 따러 나
가 보면 하나도 없더래. 우리 어머니가 언젠가 한번 그러시
더라고 아휴, 내가 그때는 그냥 네 할머니가 그렇게 하시는
게 참 밉살스럽고 그랬는데 네가 만약에 그러면 나라도 그
랬을 거라고. 훗날 그렇게 말하시는 거야. 그땐 일체 말을 안
하시고 일만 하시는 거야. 그 조그만 분이. 근데도 얼마나 이
쁜지 몰라. 이번에 돌아가셨을 때도 너무 예쁘더라고. 까맣
고 뭐 이런 것들 안 입으셔, 항상 하얀 거만 그렇게 입지. 우
리 어머니, 단정하셨거든. 너는 왜 머리가 그러냐, 너는 왜
머리를 그렇게 하고 다니냐, 맨날 그러셨어.

그때 당시에도 우리집이 보리밥을 안 먹었어. 거기다 우리 집에 약이 많았대요, 약품이. 그래서 동네 사람들이 아프면 약들 가져가고 바르는 거라든지 배 아프면 먹는 약이라든지 그런 것들 가져가면 버선 한 켤레씩 갖고 오고. 미안하니까 하도 얻어가니까. 그런데 그렇게 했던 사람들이 나중에 역전이 돼서 이제 그 사람들이 더 잘 사는 거야, 우리보다. 그 사람들이 땅을 사러 다녔는데, 우리는 몰랐지. 우리가 텃밭이 많았어도 등기를 안 내니까 나중에 몇십 년 후에 이제 길이 났어요. 길은 났는데 보상금 하나도 못 받았지. 등기가 없으니까. 등기 없이 여기가 우리 밭이다 하고 일궈 먹은 거지, 호랑이 담배 피우던 시절도 저리 가라지, 아버지가 안 계시고 하니까.

언니들은 다 고등학교까지 나오고 큰언니만 미군 부대에서 타이프 치면서 야간대학을 나왔어. 그때 부평에 미군 부대[23]가 많았어요. 나는 중학교만 졸업하고 그때 한창 클리프 리차드하고 탐 존스, 외국 팝송을 너무 좋아해 가지고 부평에서 종로2가까지 삼화고속 처음 생겼을 때 그거 타고 가서 종로 에스콰이어에 가서 신발 맞추고, 금강에서 맞추고. 형부가 그때 월남 가서 레코드판을 사왔어요. 한국 사람들 월급 사천오백 원 받을 때 형부는 십만 원 받고 갔어요. 사촌 언니 남편은 기술자로 삼십만 원 받고 갔고. 그런데 월남에

---

23) 1939년 일제 강점기에 일본 육군의 조병창(무기공장)으로 사용됐다가 광복 후인 1951년 미군에 정식으로 공여 후 76년 만인 2021년에 완전히 폐쇄되었다.

서 형부가 오토바이 타고 가는데 미군이 서라는 소리를 못 들어 갖고 총에 맞아 죽었어. 그래 갖고 돈이 산처럼 나왔어. 그때 퇴계로2가 대한극장 거기서 독일빵집을 했거든. 보상금으로 영동 개나리아파트 처음 됐을 때 그거 사 갖고 온 동네 사람들이 글루 목욕하러 갔어, 그 언니네로. 나는 그렇게 중학교만 졸업하고 있다가 디스크 쟈키 한다고 하고. 또 이런 거 저런 거 배워서 관광 가이드도 하고 싶었고. 여군도 나가보고 싶었고 운전도 배우고 싶었고…. 근데 하나도 못 했어.

"거기가 캉캉스타킹 만드는 공장이야"

인천 우리집 앞으로 4공단이 들어왔어요. 그때 작은고모랑 같이 태평섬유[24]라는 회사에 들어갔어요. 중학교 졸업하고는 이것저것 하다 언니네 집에 가서 애들 보고 있었지. 언니가 미군에 다니니까 일하는 애한테 그때 오백 원 줬어. 나는 거기 가서 애 같이 봐주고. 언니가 옷도 많이 맞춰주고. 그때는 이렇게 사는 옷이 없었잖아요. 그래서 애 입학하면 언니가 옷 한 벌 맞춰주고 신발도 맞춰주고, 조카 학교 입학할 때 데리고 다니고 그러다 보니까 스물…? 한 스물네 살?

24) 1968년 국내 제4위 금성(金星)방직·태평(太平)방직에 이어 옛 삼호(三護)방직까지 인수하여 태평방직이 설립된다. 70년 프랑스와 50 대 50 합작으로 만든 태평특수방직(부평공장)에서 캉캉스타킹을 한 해 489만 다스 생산하여 유럽과 홍콩에 수출하였다. 출처: 네이버 지식백과

그때쯤 회사에 들어간 거예요. 그때 작은고모랑 같이 갔어, 4월 26일. 거기가 스타킹 만드는 회사였어. 캉캉스타킹. 거기는 전부 기계로 다 돼 있더라고요. 그때 첫 월급이 만 원이었는데. 다른 사람들 막 삼천오백 원 뭐 오천 원 받을 때 이렇게 많이 받았어요. 한불 합작이니까, 한 74년이나 75년 됐겠죠? 그래서 만 원 받을 때 그때 십만 원짜리 적금도 들고 그렇게 다녔어요. 원단이 프랑스에서 오나 봐요. 그 스타킹 원단을 가지고, 긴 통에 끼워서 스타킹 한쪽을 미싱으로 박으면 바람이 확 들어가. 스무 개씩 묶어서 해놓으면 그게 다음 공장에 가서 팬티를 맞추는 거야. 이게 어셈블리라고 그래서 팬티가 되는 거지. 세 번째는 이 밴드를 해 가지고 이제 네 번째 인스펙션이라고 해서 검사하고 이제 포장해서 파는데, 그때 프랑스로 한 몇백 명이 파견 견학을 갔어요. 근데 나는 턱걸이에서 떨어져서 못 갔어. 다른 사람들은 다 가고. 그때 한 200명인가 갔을 거야, 비행기 타고. 그때 나는 무슨 근면상인지 뭔지 포상으로 불고기를 한 번 사줬어요. 그게 너무 맛있었던 거야. 지금도 안 잊어버렸는데. 거기를 오래 다녔어요. 퇴직금도 많이 받고. 그때 인천에 또 전남방직이 있었어. 한국베어링 이런 것도 있었고. 근데 그게 다 어디로 이제 이사 갔지. 거기가 발전되는 바람에.

1979년도에 부천의 상우무역, 거기를 내가 광고 보고 찾아갔어요. 갔는데 회사가 너무 좋은 거야. 거기를 시발로 해서 계속 여성복을 많이 했어요. 상우무역에서는 실크로다가 블라우스랑 투피스 원피스 이런 거를 했어. 거기서 원단 갖다가 재단해 가지고 봉제해서 완성해서 검사해서 나가는 거지. 수출을 많이 했는데, 그때 나는 동대문에 살았을 때야. 상우무역 다닐 때 공장장하고 사람들이 자재 도둑질을 해 가지고 다 파면된 거야. 근데 그때 도둑질했던 그 공장장이 이북 사람이었는데 키도 크고 얼굴도 하얗고 그런 사람인데, 그 사람이 동대문에 와서 공장을 내 갖고 나한테 연락이 온 거예요. 도둑질한 거는 잊어버리고 그 사람이 사장인 거지.

1989년도에 부천에서 안양으로 갔어. 그때는 결혼생활을 하면서 만산이라는 회사를 오래 다녔어. 나중에 군포로 이사해 가지고 1999년 1월 30일에 부도가 났어. 4년 정도 다녔으니까 1995년에 입사했을 거예요. 만산 다닐 때는 집까지 점심시간에 걸어가면 15분이야. 뛰어가도 숨 안 찼어. 뛰어 갔다 뛰어오고, 점심시간에. 그 회사가 삼성 계열이어서 뭐 수영을 배우든 컴퓨터를 배우든 한 가지씩 배우라고 3만 원씩 회사에서 지원해 줬어. 그때 집 앞에 수영장 좋은 데 있었는데 나는 수영을 못 배웠어. 지금 생각해보면 그러니까 제일 하고 싶었던 기회를 다 놓치고.

이건희 사촌누나 아들이라는 사람이 수원 제일모직에 있던 사람들 데려다가 차린 공장인데 사장이 옷을 잘 모르니까 계속 당하는 거예요. 안양에다가 45억을 들여서 그때가 97년도인가. 내가 공장에서 IMF 소리 들었는데, 망하려다 보니까 저녁에 회사 앞을 지나다 보면 바닥에 뭐가 많은 거예요. 소뿔단추 그걸 다 버린 거야. 영업부장, 상무, 현장, 생산부장 이렇게 전부 짜 갖고 들어갔는데 생산부장은 열심히 일을 했어요. 물량 다 맞추고 그랬는데. 영업부장과 상무가 그렇게 회사를 해먹더라구. 싸개단추, 소뿔단추, 쇠단추, 스냅단추 같은 것들이 만약에 100개가 필요하면 막 1,000개씩 만들어 놓는 거야. 그런 게 처박혀 있고 난리가 난 거야. 군포로 이사했는데 거기선 더 나태해지는 거야. 영업을 바꿨는데 각 도에 대리점 형식으로 보증금 1,500만 원 받아 가지고 그 사람들이 주문하면 여기서 생산하는 거야. 그러니까 100매, 1,000매씩 한꺼번에 했던 거를 한 매 한 매 하려니까 실도 바꿔야 되지 패턴도 막 수백 장이 되고 그러니까.

여기서 그 영업부장이 또 어떻게 해먹냐 하면 저쪽에서 잘 갔는데 불량이다. 그 당시에 양복 한 벌이 40~50만 원씩 했어요. 잘 나간 거를 불량이니까 다시 하나 해달라 해서 해먹는 거야. 그 사람이 그렇게 나쁘게 하는 거를 우린 나중에 알았어. 그래서 사장이 한 번은 구속이 됐어요. 부도 나서. 우리가 돈들 막 걷어 갖고 300만 원 들여서 그때 사장님을 빼 왔지. 나는 완성반에서 일하고 있는데 사장님이 오셨더라구. 내가 '사장님, 이렇게 하면 앞으로 더 안 된다'고 했어. 사장님이 뭘 알아야지. 그때 또 전문경영인이라는 사람을 고용했는데 그 사람이 자기 것만 막 한참 챙겨서 떴어. 나중에는 월급 못 받고 1999년 1월 30일에 문을 닫는데 애들이 그러더라구. '언니, 언니가 좀 맡아서 하면 우리가 될 때까지 돈 안 받고 해보겠다'고. 그런데 할 수가 없는 게 식당서부터 자재, 원단값, 임대료 너무 많이 밀린 거야. 이거 다 해도 그걸 못 갚아. 처음에 150명이었다가 마지막엔 30명 정도밖에 안 돼 가지고 그 사람들 퇴직금을 30퍼센트밖에 못 받았어. 그런 거 저런 거 처분해 갖고.

"떠블 밑단추가 진짜 어려워, 그런데 나는 그게 재미있어"

99년도에 회사 문 닫아 고용보험인가, 김대중 대통령 때 실업수당 받아서 한 가지씩 배웠어. 그때 컴퓨터를 처음 배웠지. 그 다음에 한식조리 배웠고 제과 배울라 그랬더니 재료비랑 기구값이 너무 많이 들어가는 거야. 그래서 그때 고만두고 있다가, 옷은 인제 그때 끝난 거지. 그때 조리 그거 배워 가지고 산본에 있는 용우동에 취직을 했어. 사장이 영어교사였고 부인은 수학교사여서 둘이 학원을 했던 사람들이 용우동을 차린 거야. 산본역 있는 데다. 아래층 위층 있는데 주방이 아래 있어서 셋이서 일을 했는데 걔들이 그러는 거야. 언니, 일도 되게 못하는데 밖에서 보면 주방장 같다고. 그 육수통 이만한 거 끌고, 막 그러고. 못 걸어 다녀, 미끄럼틀 타고 다니고. 그때 용우동 주방에서 한 넉 달 일하는 동안 100만 원씩 받고 일했는데 그때 너무 재밌었어.

그 이후론 잠깐 시간 있을 때 독산동으로 한 시간에 16,000원, 하루 일당 7~8만 원씩 일 있을 때 가서 했고, 그때도 그 일이 너무 재밌었어. 남자들 양복인데 암홀 여기 꼬매는 거하고 그 다음에 소매 조금 꼬매는 거하고 카라(칼라), 남자들 양복도 은근히 유행 많이 타. 단추가 일곱 개였다 다섯 개였다 세 개였다 좁았다 넓었다 텄다 막았다, 카라도 넓었다 좁았다 길었다, 이렇게 라인도 들어갔다 안 들어갔다, 기장도 길었다 짧았다. 똑같아 보이는데 호시[25] 카라부터 밑단까지 손으로 꼬매. 그거 한 벌 하면 그때 1,700원이었거든. 근데 인제 옷이 나오면 이런 데 실밥이 너덜너덜하잖아. 그거만 해주면 하루에 한 50장은 할 수 있겠더라고. 1,700원 10개면 17,000원, 100장이면 17만 원, 그 정도는 충분히 할 수 있었는데, 실밥을 못 따니까 엄청 더디더라고. 암홀[26] 여기 꼬매는 건 너무 재밌어. 첨 오는 사람을 가르치는데 100번을 알려주면 100번을 못 해. 왜냐면 우라(안감)가 크고 겉감이 적은데 이새(여유분)를 넣어가면서 맞추려니까 겨드랑이에서 시작을 해서 암홀을 한 바퀴 돌아야 해. 이렇게 요걸 이새를 넣어가면서 딱 맞춰야 되니까. 바늘도 8호 조끄만 거 써야 돼. 실도 조그맣지, 그러니까 암만 가르쳐도 못 해. 하는 사람들이나 하지. 그래서 기술자들 300만 원씩 주고 쓰는 이유가 있는 거야. 100만 원짜리 세 명 쓰는 거보다 한 사람 쓰면 몇 가지 하니까.

나는 이제 옷이 다 완성된 거를 사이즈 재고 어디 불량 난

---

25) 겨울용 재킷이나 코트에 사용되는 간격이 넓은 상침 스티치를 말한다.
26) 진동이라고 하며, 어깨선에서 겨드랑이까지의 폭이나 넓이를 뜻한다.

거 없나 검사하고 포장해서 납품하는 걸 했어요. 그리고 미싱은 기본으로 좀 했고. 지금도 뭐 미싱 하라면 할 수 있지. 할 수 있는데, 제일 재밌는 거는 남자들 양복. 수제로 꿰매는 거, 그게 재밌어. 단추 다는 거 하고. 그래서 만약에 지금도 그런 양복이나 옷 같은 거 꿰매는 그런 작업 있으면 하고 싶어요. 근데 지금은 눈이 어두워졌는데 그때 조그만 바늘에다가 실 껴 가지고 아주 보이지도 않는 요만한 그 스냅 똑딱이 단추, 마이깡(후크)[27]을 달고. 또 단추도 이렇게 기둥을 세우는 게 있어. 양복 단추 큰 거 하나 다는데 뭐 100원이라면 한 시간에 그냥 몇 개도 할 수 있는데, 그런 생각이 드는 거야. 근데 이제 밑단추 다는 단추 있고 그냥 다는 단추 있고 싸개 단추 있고 쇠단추, 뿔단추 이게 많아요. 그리고 이제 떠블 밑단추 다는 게 진짜 어려워. 그런데 나는 그게 재미있어.

"결혼은 재미없어, 나훈아가 좋아"

어머니 아는 사람이 중매를 해서 서른다섯에 결혼했어요, 1987년도에. 열한 살 먹은 아들이 있었지. 애가 엄마라고 부르는 데 내가 꽂혔지. 애도 엄청 착했고. 그래서 애를 잘 키워야 되겠다 맘먹고 부천에서 89년도에 안양으로 이사 와 가지고 집을 하나 얻었는데 옆집 아줌마가 개한테 그러는

27) 단추 대신에 쓰이는 갈고리 모양의 쇠고리를 말한다.

거야. 너는 엄마한테 잘해야 된다. 걔가 지금 마흔여섯 정도 됐을 거야. 싹싹하고 참 좋았는데. 결혼해 갖고 지금 전라도 나주로 가 있거든. 처갓집이 운수사업을 한다고 해. 딸 하나 낳고 산다니까 다행이고. 가끔 어쩔 때 통화도 하고 그래. 왕래는 안 하는데 섭섭하진 않아. 이쪽에 신경 쓸 겨를이 없을 것 같애, 내 생각에. 그런가 보다, 그렇게 생각하고. 이제 후회되는 게 어찌 됐든 간에 그냥 딸이든 아들이든 하나 낳았더라면…. 걔한테 너무 올인 했던 거야. 그리고 입덧이 너무 심해서 못 했어요. 어떻게 몰래 애들 낳냐. 뭐 약을 먹고 병원에 입원하고 그래도 안 되더라고. 그래서 이제 우리 어머니 돌아가시는 거 보니까 저 모습도 내 모습인데, 나도 이제 혼자 있다 어떻게 되나, 이제 그런 생각도 하게 되고.

시집살이 같은 건 없었고 시댁이 부산인데 시어머니는 전라도 분이셨어. 시아버지는 안 계셨고 위로 누나 하나, 밑으로 남동생이 둘이었어요. 이 사람이 맏이였고 둘째가 남잔데 지금 말하자면 뭐죠? 남자가 여자 되는 거. 트랜스젠더. 그 남동생이 키도 한 170 되고 잘생겼어. 근데 어느 날 여자로 변신하는 거야. 손발 요런 데가 아주 이뻐. 얼굴도 이쁘고 곱상하고 천상 여자야. 여자가 된 거야, 남잔데. 군대도 다 갔다 오고 그랬는데.

남편은 한 살 아래 구두기술자였는데 스페인에 갔다 왔고. 거기서 배 선원으로 일했다고 그러더라고. 그래서 같이 스페인 가려고 스페인어 공부도 조금 하고 그랬거든요. 결국 못 가고 부천에서 살았는데 그때 집이 17평인가 그랬는데 250만 원인가 그거밖에 안 됐던 거 같아요. 그때 60만 원만 남자 쪽에서 계약금 걸고 나머진 우리가 한 거야. 성산주택이라고 2층에 살았어. 경상도 사람이라 뭐 감추고 이런 건 없고, 돈을 벌면 안 내놓더라고. 처음에 이제 안양에다 뭐 하나 조그마한 가게 하나 한다고 그랬을 때 우리 어머니가 200만 원을 해줬어. 그걸로 조그만 신발가게를 했는데 장사가 좀 잘 되더라고요.

근데 나도 돈 개념이 별로 없었어. 잘 살든지 못 살든지 했어야 되는데 중간이니까 맨날 그냥 있다가도 없고 없다가도 생기고 그러니까. 어렵지는 않게 살았기 때문에 돈 안 갖다 줘도 그냥 어떻게 다 살았지. 나도 벌고 또 우리 친정어머니가 돈을 한 달에 한 번씩 그 애랑 같이 가면 40~50만 원씩을 꼭 줬어. 그러니까 그냥 그런가 보다 하고 살고. 그러니까 돈을 모아야지, 이런 것도 별로 없었고. 그렇게 세월을 보낸 거예요. 내가 돈을 얼마 좀 모았어. 남편이 뭐 하는데 필요하다고 해서 돈을 100만 원, 200만 원, 300만 원, 가져가는 게 천만 원이 되더라구. 그때는 지금보다 더 말랐어. 안양 거기서 잠깐 쉬었다가 이제 일한다고 그러니까 이래. '일하는 건 좋은데 일하다 보면 거기만 몰두하니까 그게 좀 걱정된다'고. 그러니까 회사 일은 열심히 했는데 그 외에는 잘 못 했지. 재미를 못 느꼈던 것 같아. 그냥 회사에 가서 일 열심히 하고 그냥 납품하고 막 그러는 거를 좋아했어.

그런데 남편이 바람이 났어. 그 애가 저한테도 언니, 언니 했거든. 남편한테도 오빠, 오빠 했는데. 한 번은 안양에 있을 때 아는 집을 지나는데 우리집 차가 있는 거야. 거기 방에서 여자 목소리가 막 들려. 두 사람 소리가. 그래서 들어가 보니까 둘이 앉아 있더라구. 경상도고 그래서 동생처럼 지냈다고 그러더라구요. 또 한 번은 옆에 사는 아줌마가 나보고 와보래. 빨리 들어가 보래. 어떤 여자가 앉아 있는 거야. 저 여자랑 바람 났는데 나보고 그렇게 몰랐냐고 그러더라고. 그러니까 한두 사람이 아니었던 거지. 하나는 키가 좀 컸고, 하나는 어렸고. 내가 출근한다고 나가면 걔가 와서 같이 밥 먹고 그랬다고 그러더라고. 세 번째는 가게 뒤에다가 방을 얻었더라고. 그러고도 한참을 살다 2010년에 이혼을 했어. 지난 일인 거지. 믿고 그런 걸 잘 못 느껴. 따로 좋아하는 사람도 없었고, 내가 연예인으로 좋아하는 사람은 나훈아였어. 그냥 내가 좋았다 하는 거는 그런 정도였지. 회사에서도 그렇게 사람 많고 누구 소개해 준다 그래도 귀찮고 싫더라고. 진짜 내가 좋아하는 사람을 지금까지 한 사람도 못 만난 거 같아.

"매일 엄마에게 일기를 써"

우리 친정어머니가 97세셨는데 2019년 11월 20일에 입원하시고 올해 6월 14일 돌아가셨어요. 우리 어머니 이름이 장옥현인데 이제 그 이름이 없어졌어. 우리 어머니가 11남매예요. 아들 아홉에 딸 둘. 근데 작년인가 국방부의 유족 찾기에서 나온 거예요. 어머니 위에 99세인 오빠가 6·25 때 전사했는데 어머니가 유일하게 살아계셔서 찾아왔더라구요. 어머니는 일제 때 충청도에서 태어나셨어. 고향이 충청남도 보령군 주포면이야. 그 후에 인천 어디로 오셨을 것 같아. 거기서 결혼 전, 열몇 살 때부터 일을 하셨지. 그러니까 그때는 공장이 충청도엔 없었어요. 거기서 책임을 맡아 하셨대요. 우리 어머니가 가늘가늘하고 키도 조그마한 데다 하얗고 예쁘니까 굉장히 인기가 많았대요.

형제들 있어도 다 멀리 사니까. 김포에 살고 인천 살고 이제 서울에서만 내가 이제 어머니를 좀 모셨는데 갑자기 어지럽고 울렁거리고 뭘 못 잡수고 막 그러니까. 그러다가 코로나 때문에 이제 면회도 안 되고 뭐 근처도 못 가고 그러다가 지난 3월인가 거기서 코로나 검사를 이틀에 한 번씩 하면서 계속 나한테 문자가 음성, 음성, 음성 이렇게 왔어요. 한 여덟 번째 하더니 아홉 번째 양성이 된 거야. 그래 가지고 팍스로이드인가 그 약을 잡수시고 3월 말일에 혼수상태가 되셨어. 하루를 혼수상태에 빠졌다가, 그때 4월 첫 주에 어머니 전화가 오면서 "나다." 그러시는 거야. 돌아가신다고 준비하라고 이제 그럴 정도였는데. 그러다가 6월 7일 면회를 했는데 날 보고 이러시는 거야. "야, 나 좀 집에 좀 데려가라. 너무 괴롭다."고. 그러면서 내가 왜 이런 대우를 받아야 되느냐. 우리 어머니가 그렇게 의지가 강하셔요. 근데 인제 코

줄을 끼고 그러니까 음식을 못 잡수니까 힘을 못 쓰시는 거야….

작년에 5~6월에도 치과 가서 틀니를 맞춰 드렸더니 틀니가 잘 맞아서 잘 먹는다고 하더라고. 그때도 내가 모시고 나갔더니 하두 코로나 땜에 접근 금지하고 면회도 안 되고 막 병원에서 철두철미하게 하니까 내가 모시고 올 생각을 못한 거지. 몇 번 기회를 놓쳤어. 그래서 만약 오셨으면 집에서 잘 잡숫고 그랬으면, 울렁거려서 못 잡쉈거든요. 그래서 요양병원에 가시기 전에 제가 한 1,500만 원 빚졌어요. 동부제일병원에 입원해서 한 사백 얼마 병원비 나와도 집에 오시면 또 그래, 또 입원해. 그러니까 마지막에 그 내과과장이 그러더라고. 지금 퇴원해도 또 그러시니까 그런 병원을 알아보라고. 그래서 (요양)병원에 가신 거예요. (2019년) 11월 20일에 입소하시고 그 다음 주에 가니까 울렁거리지 않고 덜 어지러우니 좀 앉아 계시더라고. 그 전에는 집에서 그냥 넘어지고 막 갈비뼈에 금 가고, 지팡이도 창피해서 안 짚으셨던 분이야. 그렇게 자기 관리를 철저하게 하셨던 분인데 어지러운 데는 칠게가 또 좋다고 그래서 그거를 신청했더니 살아있는 게가 왔더라고. 4만 얼만데. 그걸 열 마리씩 해서 냉장고에 넣어서 드리고, 뭐 산낙지가 좋다 그래서 그거를 사다 드리고. 택시 타고 한약방 모시고 가고 병원 가서 이것도 맞춰 드리고 하니까 금방 빚을 지더라고.

우리 어머니가 늘 하시는 얘기가 '우리 딸이 최고야, 너 아니었으면 벌써 죽었다' 그러시는데 이번에 내가 14일에 병원에 입원해 있었잖아요. 내가 다리 때문에 수술해 갖고 입원해 있는데 아침에 어머니가 위독하시다고 전화가 온 거야. 그래서 그 발로 붕대를 칭칭 감고 6시 반에 지하철을 타고 막 가고 있는데 거기 도착하니까 8시 반쯤 됐는데 어머니가 누워 계시는데 너무 예쁜 거야. 내가 얼굴도 만지고 팔다리도 만져보고. 손도 나긋나긋하고. 그 10일에 면회했을 때보다 얼굴이 평화로운 거야, 깨끗하고.

맨날 엄마한테 일기를 쓰는 거야. 내가 너무 잘못하고 너무 어리석은 짓 해서 어머니를 가시게 했다. 퇴원할 기회가 네 번이 있었는데 2019년 11월 20일 새벽에 목사님이 모시고 갔는데 그때 몇 개월 됐을 때 내가 퇴원을 했어야 하고, 그 다음에 작년 3월 20일 면회했을 때 그때도 괜찮았고, 치과 모시고 다녔을 때, 10월에 요양원에. 그랬으면 내가 밥이라도 넣어드렸으면, 코 줄을 껴놓으니까 아무것도 못 먹고 말라서 돌아가신 거지. 내가 만일 우리 어머니였다면 그렇게 방치했을까 생각하면 오금이 저리고 자다가 잠이 깨진다니까. 돌이킬 수 없는 건데. 아직도 내가 어디 갔다 오면 속으로 '엄마 오늘은 낮에 국수 해먹어요.' 해. 나 안 울었는데, 생각할수록 어머니가 너무 불쌍하고 힘들어요.

"아, 뜨개질은 재미없어"

아침에 한 4시 반, 5시에 눈뜨거든요. 눈뜨면 일어나서 문다 열어놓고. 그때부터 그냥 뭐, 목욕탕 청소도 하고, 옷장정리도 하고. 자는 거는 어떤 때는 뭐 8시에도 자고 어떤 때는 실컷 자다 일어나도 10시 반이야. 들어와서 좀 앉았다가. 그래서 오전에는 그냥 이렇게 저렇게 하고 오후에는 이제 물리치료사 오시는 분, 중랑노인종합복지관에서 사회복지사(노인맞춤돌봄서비스의 생활지원사) 선생님이 매일 전화해 주시고 김치도 갖다 주시고 여기 운동화도 주셨어요. 빵 그런거도 갖다 주시고. 일주일에 세 번도 오시고 전화는 더울 때는 밤에도 해. 더운데 어떻게 지내냐고. 초복 중복 때 삼계탕하나씩 갖다 주셨어. 열무김치 깻잎김치 이런 것도 같이 갖다 준 거예요. 나는 너무 감사하다니까. 전 진짜 우리나라에 너무 감사해요. 아주 어떤 때 뭉클할 정도로 감사해요. 테레비서 노숙자들 막 고생하는 사람들을 보면. 이것도 지금 전세 자금 받아서 옮긴 거거든요. 그러니까 이렇게 살면 될 텐데 저 사람들은 왜 그렇게 하고 사나 싶어, 어떤 땐. 이렇게 하고 좀 절약하고 그 다음에 교회나 복지나 이런 데서들 도와주시는 것 갖고 잘 살 수 있는데 왜들 그렇게 사나. 수급자할 때 저기 보험회사 직원이 그러더라고요. 실비 보험을 꼭들어야 된다고. 그러면서 이렇게 어렵게 혼자 계시니까 이러지 말고 동사무소에서 그걸 한번 알아보라고. 그래서 그때 수급자를 알아본 거예요. 동사무소에서 그냥 바로 되더라고.

이 동네에서 어울리는 사람들은 미용실 두 군데, 부동산, 수선하는 사람, 정육점. 그 정육점 그분은 저한테 우유를 줘요. 자기 아들이 우유 대리점 해 가지고 남으면 나 가져가라고 해서 가끔 가서 좀 보고 만나고 얘기하고. 샤롬미장원 원장님, 형제부동산. 그분들이랑 가끔 차도 마시고 놀러 가고 거기서 김치도 줘서 갖고 오고. 계속 연락하고 보는 건 교회 목사님이랑 텍사스에서 오신 분이 계셔. 영등포교회도 일주일에 세 번 가면 거기서 식사도 챙겨 주시고.

2010년에 이혼을 하고 중화1동에 우리 어머니가 살아 계셔서 이리로 왔어. 근데 이때 신용불량자가 됐었어. 돈 빌린 거랑 누가 빌려서 안 갚고 그런 걸로. 우리 어머니가 한번은 놀란 적도 있었어. 누가 막 문을 두들기면서 여기 박미숙 사냐고 그러더래. 왜 그러냐 그랬더니, 돈을 뭐 어떻게 했다 그러고. 우리 어머니 벌벌 떨고 그러셨던 기억이 나. 그러다 2012년도에 파산신고를 했어. 지금 이 집도 정부에서 하는 전세임대야. 이게 정부에서 1억 780만 원 나오고. 2,220을 주택은행에 2만 원씩 붓던 게 있었어. 거기서 4백만 원 융자 받고 내가 저쪽에 방 하나 얻었던 거 300 있었고, 우리 어머니가 팔찌랑 뭐 금 준 거를 290만 원에 팔았어. 그런 거 저런 거 팔아서 1억 3천이야, 이게. 근데 이번에 매입임대를 신청하라고 해서, 이건 개인집이잖아요. 그러니까 언제 나가라

하면 나가야 되는 건데 매입임대는 정부에서 사 가지고 우리한테 재임대를 한대요. 그걸 신청하래서 이번에 했는데 그게 11월 말쯤 된대. 이것도 부동산에서 해줬잖아요. 부동산 아줌마가 매입임대가 제일 좋다고 그러더라고.

지금 받는 건 노령연금이 30만 원, 내가 옛날에 들은 국민연금 26만 원. 26만 원 조금 안 돼, 25만 3천 얼마. 이제 지하철만 무임 그러니까 그냥 많이 걷더라도 지하철만 타는 거야. 그리고 전기 수도 가스 이런 거 이제 혜택을 많이 받으니까. 그런 것도 안 나가고. 그 다음에 한 달에 쌀 10킬로 나오고, 그 다음에 쓰레기봉투 3개월에 1번씩 주고.

일하고 싶지, 근데 기초수급 받는 사람들은 뭐 돈을 벌면 안 된다고 그러더라고. 기술 좋은 사람들 이제 일 안 하면 안 된다. 일해야 된다. 고급 인력이 이렇게 쉬면 안 된다, 일해야 된다. 내가 막 그래.

채소 가꾸는 것을 좋아하는 그의 집 현관 앞에 고추가 영글어 가고 있다

우리 어머니 보니까 93세까지도 건강하셨거든. 그때까지도 밥 다 해서 나 차려주시고 그러셨어. 연세 많으신 분들이 연세가 많다고 막 하지 말라고 하는 건 아닌 것 같아. 맛있게 먹고 그러면 더 잘 하시려고 하니까 치매 걸릴 새도 없어. 우리 어머니를 통해서 알았어. 인생에 대해서 조금 생각을 해보면 사람이 살면서 뭐를 알고 사는 그 기간은 한 35세부터 한 70세까지만 인생이 있고 그 다음부터는 이제 병마와 싸워야 되고. 근데 지금은 서른 살도 철이 안 들어. 결혼해서 35세부터 70까지 이 35년이 인생의 황금기다. 뭘 알고 사는 나이, 나는 그렇게 생각을 해. 이제 70대다 보니까.

아직까지는 외로운 거 못 느껴. 나 좀 모자라나 봐. 우울하다 뭐 이런 거 한 번도 못 느꼈어. 아침에도 뭐 일어나기 싫다 뭐 피곤하다 이런 거 아직은 잘 모르겠어. 뜨개질은 재미없어. 만약에 지금도 양복이나 옷 같은 거 일본말로 마도매라 그러는데 이렇게 꼬매는 그런 작업 있으면 하고 싶어. 내가 아침에 일찍 일어난다든지 뭐 어떤 일을 해서 20~30만 원이라도 더 생기면 더 좀 윤택해질 거 아니야. 통장에다가 좀 넣으면은 쌓이는 재미도 있고 내가 조금 노력해서 그것도 나이가 있고 할 수 있을 때 하는 거지.

박미숙 님을 만나고

공지원

보지 않았지만 본 것만 같은 영화들이 있다. 한국전쟁 직후 태어난 박미숙 님의 생애를 듣자면 그 시절이 눈앞으로 휙휙 스쳐 간다. 꿈 많던 소녀가 인천에 세워진 공장으로 들어서는 모습, 프랑스에 견학을 가고 싶었지만 아쉽게 떨어져 안타까 웠다는 이야기를 지나면 어느새 누군가의 어머니가 되어 의 류공장에서 노동자로 살아가는 단단한 30대 여성이 보인다. 변변찮은 결혼생활이었건만 아쉬움도 미움도 없다는 그녀에 게 연민은 불필요하다. '한국여성노동사'로 바꾸어 읽어도 좋 을 그녀의 삶은 우리 경제사의 생생한 노동 현장 기록이다.

2022년, 영화는 어느새 어머니를 막 여의고 혼자가 된 70대 의 여자를 보여준다. K장녀의 롤모델이기도 한 박미숙 님의 돌봄 노동이 끝나고 이제는 진짜 혼자 남은 그녀가 보인다. 그 삶 안에서 지금 우리가 말하고 있는 거의 모든 것들이 스쳐 간다. 여성, 노동자, 돌봄, 공동체의 이야기들 말이다. 아직 까지 여러 종류의 단추이름과 양복 봉제기술에 대해 술술 얘 기하는 그는 여전히 '여성노동자'로 살아가길 원한다. 박미숙 님의 이야기를 통해 노동이 어떻게 삶에 의미를 부여하고 작동하는지를 이해할 수 있었다.

장이정수

70대 여성의 삶은 가족이 중심이고 노동은 가족부양을 위해서일 거라는 생각은 틀렸다. 박미숙 님은 가족에 대한 환상도 피해의식도, 흔한 애증도 없었다. 남편의 외도와 이혼도 큰 상처가 아닌 듯했다. 반면 30여 년의 봉제노동은 긍지와 힘의 원천이었다. 용우동에서 잠시 일했을 때도 너무 재밌었다고 말하는 것을 보면 그녀는 모든 일을 진심으로 사랑하고 좋아했다. 산업화 시대 베이비 부머들이 대부분 건설현장의 남성을 떠올린다면, 박미숙 님은 초기 베이비 부머 시대 여성의 다채로운 삶을 보여 준다. 부천, 안양, 군포, 독산동으로 이어지는 공간의 변화와 한불합작으로 프랑스 견학까지 가는 공장에서 IMF 이후 실직하여 일당 노동자가 되고 그마저도 할 수 없는 시간의 변화 끝에는 노모의 돌봄이 자리 잡고 있었다. 97세의 어머니 역시 일제 강점기 봉제노동을 했고, 평생 자립적인 삶을 살다 요양원에서 코로나와 함께 임종을 맞이했다. 그녀는 마지막에 어머니를 집에 모시지 못한 것을 뼈아프게 후회하고 있었으나 우리는 박미숙 님이 최선을 다했음을 알고 있다. 그리고 앞으로도 거뜬하게 어머니처럼 노년을 건강하게 살아갈 것이다. 박미숙 님께 재미없었다던 뜨개질이라도 혹은 미싱이라도 가르쳐 달라고 해야겠다.

박용식 님 구술

나는 100원짜리 하나 빚진 거 없어

대담 및 기록

김창숙 · 정다운

박용식 님

2022년 현재, 만73세.

1949년생, 경기도 안성에서 태어났다. 27세가 되던 해 고향을 떠나 서울에 자리 잡았다. 여러 지역을 오가며 일하다 5년 전 다리를 다쳐 일할 수 없게 되면서 혼자 살기를 선택했다. 빚지고 살지 않으려 한다. 막걸리를 마시는 것과 집에 혼자 누워 있는 게 사는 낙이다.

"나 자꾸 엉뚱한 생각만 나"

딸이 80년 4월 26일생이니까 내가 여기 중랑구 온 지가 한 43년 됐네. 여기가 내 고향이여. 스물아홉에 결혼해 가지고 딸은 서른둘에 낳았어. 옛날에 삼표연탄, 초등학교 있고, 상봉동. 거기서 우리 딸 낳고 아들 낳고.

누가 중매서는 것도 아니고. 그냥 술 한잔 먹다 그렇게 만났어. 나를 잘 봐서 그런지도 몰라요. 그런 얘기하면은 골치 아파. 나 자꾸 엉뚱한 생각만 나. 나쁜 것도 나고 좋은 것도 나고. 아유, 몰라. 나 여기 내가 마누라랑 둘이 찍은 사진도 있어. (머리맡에 있는 젊은 시절 사진을 보여주며) 우리 마누라 나하고 나이가 10년 차이야. 창경원인가 어디 가서 찍은 거야. (눈물) 안식구 죽은 지 20년 됐지. 내가 잘해줬지. 마음속으로 잘해줬지. 젊어서 엄청 예뻤어.

저기 충남 부여 사람이야. 우리 마누라 술 좋아하고 노는 거 좋아하고. 나 한 잔 먹으면 석 잔씩 먹고. (아내가) 소주나 막걸리도 안 먹고 맥주 한두 병씩. 여기에 웬만한 사람들은 다 알아요. 내가 말을 안 하고 안 걸어서 그렇지, 다 알아. 한 50프로는 다 알아. 나 마누라하고도 다정하고 그런 거 안 해요. 늦게 들어오던지. 내 말 한마디 안 해요. 같이 산다고 궁금해하면 어떻게 같이 살아. 그게 무슨 부부여. 나는 그런 거 물어보지도 않았어. 나갔다 오면 오나 보다, 안 들어오면 안 들어오나 보다. 먹고 싶으면 내가 그냥 챙겨 먹고. 애들은 어려서부터 지들이 다 알아서 챙겨 먹고. 나는 일하느라 정신없어서 놀러는 안 다녔어요. 그리고 마누라는 친구들하고 바람 쐬러 다니고 해서 바람 쐬러 가는 건지 연애를 하러 다니는 건지 나 신경 안 썼어.

자기 명은 자기가 타고 나오니까 어쩔 수 없어. 담배도 많이 피고 그래서 빨리. 그래도 20년 살다가 갔어. 나 장가들고 마누라가 결혼하자마자 하도 아파서 그게 뭐냐면 췌장암이래. 수술도 못 하니까 항암주사 한 대 맞고. 저기 원자력병원에서. 그래서 내가 그 약은 잘 알아, 췌장에 좋은 약. 내가 종로5가 보령약국 가서 사다가 먹이고. 그때 당시에 5만 원이야. 적은 돈이 아니야. 또 시골에서 약초 캐다가 물 끓여서 먹고 괜찮았어요. 멀쩡하게 나았어. 근데 무당 친구들 만나 담배 피우고 하니까 그게 처음에는 감기인 줄 알았어요. 근데 나중에 알고 보니까 그게 결핵이래. 애들 다 낳고. 췌장암은 결혼할 때부터 있던 건데 내가 그걸 모르고. (친정) 엄마가 무당이었어. 남들이 신기가 있다고 하더라고.

상봉동 살다가 마누라가 죽고 여기서 세탁소 골목으로 좀 나가면 있는 ○○슈퍼 거기 앞에 2층에서 전세 살다가 전세 빼 가지고 나눠서 애들 방 하나씩 얻어주고. 아는 동생이 "형님, 내가 아줌마 하나 소개할 테니까 만나보쇼" 해서 여자 소개해 가지고 장위동에서 7년간 컨테이너에 살다가, 그러다 혼자 다리 수술하고. 내 다리가 불편한데 여자한테 얹

혀살고. 아유, 돈도 없는데 내가 여기서 뭐 하냐. 나 그런 거 싫어. 그래서 방 하나 얻어 가지고 이렇게 사는 거예요.

안식구 죽고 나서 충북 음성 납골당에다가 15년을 놔뒀어. 그때 한 1년에 2만 원씩 나오는데 또 15년 되니까 또 올려달라고. 그래서 그냥 빼다가 우리 고향 안성 그 산에다가 우리 할아버지 할머니 있는 데 거기 앞에다 뿌리고 그랬는데. 참 챙피스러운 얘기하네, 챙피스러운 얘기해.

"나는 고맙지, 내가 해준 것도 없는데"

우리 아들은 나 닮아 가지고 못생겼고, 딸은 지 엄마 닮아 가지고 인물도 좋고 키도 크고. 딸은 결혼을 안 한대. 딸은 사가정 국민은행 바로 옆에 살아. 인터넷에서 뭐 하고 또 아는 언니네 가게 가서 한 달이면 한 열흘씩 가서 도와주고. 회사 다니다가 고만두고선 일하고 있어. 아들은 결혼해서 살지. 결혼해서 애 안 낳는다고. 그래도 우리 아들은 빌라, 크지는 않아도 따지고 보면 2억 정도 사 가지고 살고 있어. 마흔한 살인데 지금 화곡동에 살아요. 컴퓨터 뭐 하는 직장 다니는 데 한 달에 300에서 400 받는가 봐. 옛날부터 컴퓨터를 잘해서 동네 컴퓨터를 다 고치고 다녔어. 그냥 뭐 애들이 안 되는 거야(안쓰러워 보이는 거야). 애들 둘 다 고등학교밖에 안 나와 가지고 좋은 직장 다니는데 나는 고맙지. 내가 해준 것도 없는데. 바랄 게 없지.

아들 얼굴 본 게 한 달 전이야. 얼굴이 생각 안 나. 아들이 나 딸이나 똑같아요. 연락은 거의 안 해. 안 와. 내가 안 가지. 왜? 불편하잖아. 목소리 들으니까. 전화로. 나는 싸우고 그런 거 없어. 여기 딸이 먹으라고 김 박스로 갖다 놓고. 나는 애들하고 말다툼도 한번 안 한 거 정말이요. 내 스타일이 누구하고 말다툼하고 싸우고 이러지 않아. 그냥 나가서 술 먹고 시끄러우면 아이 정말 시끄러운데, 이 소리만 하지 거기서 이러쿵저러쿵하지 않아. 시끄러우면 나가면 되니까. 중이 절이 싫으면 절을 떠난다고. 내가 나간다고.

이거, 옛날 얘기 다 나오네. 내가 올해 일흔다섯이요. 우리 어머니 돌아가신 지도 한 5년 됐어요. 아버지는 아들이 두 살 때 돌아가시고. 날짜는 그러니까 기억 안 나. 우리 어머니가 여든아홉에 요양원에서 돌아가셨는데 우리 어머니는 나한테 이러쿵저러쿵 말 한마디도 안 해. 말이 없어. 장례는 우리 고향 안성에서 ○○상조를 구해 놔 가지고 거기서 치르고. 사연이 많은데, 우리 아버지 어머니하고는 말도 없었지. 사이가 좋았으니까 내가 태어났지만.

내가 장남, 6남매 중에 내가 장남. 나 딸 딸 아들 딸 딸. 바로 아래 동생이 일흔둘. 그 아래 동생은 육십아홉. 동생들은 다 3년 차이야. 장남이라고 다 하라는 법은 없는 거야. 상식적으로 잘못된 거야. 없는 놈이 형제간에 잘하고 싶지 잘못하고 싶은 사람이 어디 있어. 내가 6남매에 장남이지만 나는 동생들이고 뭐고 말 한마디 이러쿵저러쿵 안 해. 어떻게 지내냐, 그러면 그냥 끝이야. 잘 지낸다면 그게 고마운 거지 뭐. 남동생은 고향에서 살고. 여동생 넷은 다 인천에 살아. 연락은 여동생한테만 하고 안 만나요. 바로 밑에 여동생한테 연락하면 다 연락 가지. 다 거기 거기 살아. 원래 우리 식구가 말이 없어. 어제 한 번 전화 왔던 거야. 지하실 사는데, 비 많이 왔는데 어떻게 됐냐고. 여기는 엊그제 비가 다 왔어도 멀쩡했는데, 뭐. 중랑구가 지대가 높아요. 그래서 괜찮아.

"한 바퀴 빙그르 돌아서 수평을 딱 맞춰야 해"

중학교 들어갔다가 그냥 쫌 다니다가 너무 멀어서, 중학교 졸업을 못 했어요. 그래 가지고선 고만뒀어요. 시골에서 살 적에 남의 산에서 몰래 나무 잘라 자전거에다가 싣고 와 가지고 그거 뽀개 가지고 가마니에 실어서 안성 시내에 갖다 팔았어요. 안성이 지금은 시가 됐지만, 거기다가 팔면은 그때 한 가마니에 5백 원 받았어요. 또 그때는 도로 포장이 안 돼 가지고 자갈길이야. 시골서 농사짓고 손모 심고 낫으로 베고 하다가 아유, 돈도 안 되고 농사거리도 없는데 있으면 뭐 하나, 그래서 혼자 겨울 지나고 스물일곱쯤에 서울에 왔지.

처음에는 제일제당, 지금은 삼성그룹이고. 제일제당이 남영역에 있었어. 뭐 하냐면 차 운전해서 배달해. 식당에 다시 다니 설탕, 미원이랑. 운전하다가 이제 나 혼자 갈 때는 내가 내려서 주고, 둘이 가면 같이 하고 그랬어. 현찰 주면 현찰 받아오고. 월말에 한 달 일한 걸 받는데 그때 돈을 많이 떼어 먹혔어, 흐흐. 사촌 언니네 집에 내가 물건을 대줬어. 처남도 나하고 동갑이고 그래서 같이 만나서 술도 먹고. 나를 잘 봐서 그런지 우리 마누라 만나서 결혼하고.

그러다 시골 가서 한 2년 고생했어. 담배 농사짓다가 '안 되겠다. 서울로 가자.' 했지. 그때는 애가 없었어. 그만두고 와 가지고 노가다 건축일 했지. 아는 동생이 "형님, 이거 한 번 해보세요." 해서 처음에는 조수로 따라다니다가 면허증 내서 반장도 하고 그랬지. 회사에서 그냥 방 얻어주고 밥 주고 다 하니까 거기 가서 미장일 했지. 삼성, 엘지, 현대산업 개발에서 내가 일했으니까. 반도체 일하는 데 보면 기둥 있잖아. 기둥 하면 위에다 또 이렇게 깔아야 되고. 그것도 다 미장이야. 그것만 했어, 30년 넘게. 한 군데서 많이 하면 1년도 해보고 한 5개월도 하고. 여기 저 옛날에 구리 부영아 파트 있잖아요. 거기서 내가 반장을 한 3년 해봤어요. 그때는 다 미장이 있으니까. 지금은 아파트 미장을 할 필요 없어요. 보기에는 쉬워 보여도 한 바퀴 빙그르 돌아서 수평을 딱 맞춰야 돼. 잘못 움직이면 까칠까칠하고 울퉁불퉁하고 그래, 칼자국 나고.

할 만하지 않아도 어쩔 수 없이 한 거야. 솔직한 얘기는 돈이 되니까. 거기는 기본 돈이 나오니까, 퇴직금도 나오고. 특별하게 말은 안 해도 1~2만 원 더 받으니까. 회사 공장에 가서 하다가 때려치구 양쪽 인공 고관절 수술하고 그때부터 일 안 하는 거요. (일할 때도) 나는 누구하고 말 안 하니까. 나는 말 한마디도 안 하고 밥 그냥 반찬 저기 있으면 밥그릇에다가 떠가지고 먹고. 어울리고 그런 거 없어요. 내가 여기서 일하잖아요. 여기서 일하는 사람이 다른 데로 가, 그러면은 형님 이리로 오셔 해요. 그러면 또 한 번 가. 가서 또 하다가 아니면 말고. 일 안 시키면 안 가면 되는 거여. 내가 그 자리에서 그냥 일하면 된다고. 건설 같은 데 일이 많은지 적은지 난 그런 거 모르고 살았으니까. 일에 대해서는 신경 안 썼어. 노가다 하는 사람들하고 말 안 하니까. 개도 노가다 하고 나도 노가다 하고 다 노가다 하는데 뭐 남의 일 신경 쓰고. 남이 오든지 말든지 일을 하든지 말든지 나는 말 안 해요. 지금도 친구들은 하고 있어요, 나랑 동갑내기 친구들. 내가 자기관리를 잘못해 가지고. 그냥 그거 했으면 한 400(만 원)은 벌지. 내가 한 달에 그렇게 400 뭐 이렇게 벌었어요. 내가 그만두기 전 350 이상은 벌었으니까. 일 못 하니까 다 옛날 얘기야.

  내가 운전하면서 일 다니고 또 토요일이면 또 운전하고 그랬어. 아내 싣고. 나 운전 한 40년은 한 사람이여. 내가 이제 차를 운전하고 다니다가 음주 한 번 걸리고 무면허 한 번 걸리고. 면허시험장 가서 일주일 만에 다시 내고. 내가 운전도 못 하겠더라고. 그래서 폐차시킨다고 했더니 나보다 두 살 더 먹은 형님이 달라고 해서 내가 "술이나 한 잔 사." 그리고 새 찬데 그냥 줘버렸어. 운전면허증은 동사무소에 반납시키면 10만 원을 줘요[28]. 지금은 되는지 안 되는지 몰라. 나는 진짜 지금도 어떤 때는 택시라도 할까 했는데 괜히 반납시켰나, 이런 생각이 들어. 내가 서울시에 모른 데가 없어, 다 알아. 앉아서 움직이는 건 아무 상관이 없어.

"종아리에 스물스물 뭐가 기어 다니는 것 같아"

맨날 오르락내리락하면서 한 10년 넘게 일했는데 갑작시리 회사 과장하고 서서 얘기하다가 꽉 주저앉았어. 아무 감각도 없었어. 한 시간 지나니까 걷지를 못하겠는 거야, 아파서. 걸으면 걸을수록 땡기고. 그때는 밤에 그리 갈 데가 없어. 그래서 다른 집에서 한 번 자고 그리고 병원에 갔지. 이름도 기억나 ○○병원. 양쪽 다 인공관절 넣었어. 처음에 왼쪽 다리 수술했어. 수술한 지는 5년 됐는데 내 돈 500만 원 정도 들었지. 1년 뒤에 오른쪽 다리 수술은 정부 지원 300만 원 받고[29], 내 돈은 한 100만 원 들어갔어. 가서 입원해서 수

---

28) 정부에서 일괄적으로 시행하는 것은 아니다. 지자체별로 시행 날짜와 해당 연령과 혜택이 조금씩 다르다. 서울시는 고령화 사회의 고령 운전자 사고 대책 마련을 위해 <서울특별시 고령운전자 교통사고 예방을 위한 지원 조례>를 제정하고 2019년 3월 28일부터 시행했다. 면허 반납 시 10만 원 상당의 교통카드를 지원받을 수 있거나 현금으로 지원하는 곳이 있으므로 주소지 관할 주민센터에 문의하면 된다.

29) 긴급복지 의료지원은 갑작스러운 위기상황으로 수술, 입원이 필요한 심각한 질병이나 부상에 대한 의료비를 감당하기 어려운 분께 300만 원 내에서 의료비 및 약제비를 지원한다. 단, 동일한 부상이나 질병에 대해 지원을 받은 분은 이전 지원 종료 후 2년이 경과하는 경우 재지원할 수 있다. 출처: https://www.bokjiro.go.kr

술했는데 수술을 잘못한 것 같아. 다리 근육이 오므라졌다던가 뭐라던가. 오른쪽은 좀 편해. 처음에는 걸음 잘 걸었는데, 한 1년 이상 되니까 걷는 게 힘들더라고. 그때 그 놈은 다른 병원으로 도망가고.

(종아리를 만지며) 여기 다리가 무거워, 양쪽이. 통증은 없는데 여기가 꼭 뭐 이런 얘기하면 그렇지만, 스물스물 뭐가 기어 다니는 것 같아. 뻐근해. (발이) 다 부었잖아. 이렇게 움직이고 가는 건 괜찮은데 걸으려면 불편해. 신을 신어서 움직이는 거 괜찮아. (병원에서는) 협착증이래요, 허리에서 오는 협착증. 고관절 수술하고. 다리가 이렇게 돼 가지고 일 안 한 지가 4~5년 됐어요. 지금도 다리만 편하면 일하겠는데. 다리 때문에 일을 못 해. 물리치료는 받아보니까 소용이 없어서 이틀에 한 번씩 주사만 맞아. 어떨 때는 조금 부드러울 때도 있고. 근데 하루 지나면 소용없어요. 그래서 지금 병원에 또 한 번 가볼까. 이제는 병원비 같은 거 안 내니까.

내가 이가 나빠 가지고 틀니 한 지도 20년 넘었어. 아침에 밥 먹으면 닦고. 불편은 없어요. 이거 야매로 했어. 20년이 넘어도 그냥 쓰는데 20년 전에 80만 원 주라 그래. 그런데 지금 다시 가서 해도 뭐 한 50~60만 원 해. 지금은 혜택 보니까. 이제 나이가 먹어 가지고 지금 뭐 할 생각도 없고. 틀니 붙이는 본드 하루에 한 번씩 하지. 이랑 따로 노는 건 없는데 재채기할 때는 달랑달랑하지. 밥찌꺼기가 낑겨서 빼고. 완전 틀니거든.

의료 혜택[30] 받은 지 한 열흘 됐어. 동사무소에 신고 신청하고. 거기서 따져봐 가지고 내 앞으로 돼 있는 게 하나도 없으니까 아들, 딸이 서류 작성해서 한 3개월 걸리더라고. 다행히 됐더라고, 적합하다고. 그래서 아이고 잘됐다 하고 혹시 몰라서 내가 거짓말인가 확인해 봤더니 돈도 안 받더라고. 한 달에 한 번 가서 혈압약 타오고, 두 달에 한 번씩 피 뽑아서 당 검사하고. 나는 이렇게 상처가 나고 그래도 피가 딱 그치고 안 나와, 당이 없어. 혈압약은 먹었는데 (옆에 있던 혈압약 통을 손에 들고) 혈압이 지금은 정상이야. 내가 한 6~7년째 이거 먹어. 똑같은 거 먹어. 위장약도 돈 안 들어가고 사오고. 그것뿐이 없어요. 나는 건강은 좋아요. 뱃속은 편해. 나 아직까지는 자전거 타고 다니는데. 몸이 안 좋아지면 어떻게 해야 하지 그런 고민. 나는 그런 고민을 한 번도 해본 적이 없어. 많이 안 좋아지면은 요양원에 가던가. 시골 가도 내 동생은 또 혼자 살고 가서 피해 줄 수도 없고.

"막걸리 한 잔 먹고 테레비 보다 잠 오면 자고 그게 인생의 낙이야"

빨리 일어나면 새벽 4시 반, 5시. 항상 5시면 일어나. 저녁에는 7시 아니면 8시에 일찍 자니까. 땅굴에 살아서 어두워.

---

30) 의료급여 수급권자 중 본인부담 면제 대상자에게 지원하며 외래 진료를 받을 경우, 의료급여 비용의 본인부담금 전액을 면제한다. 출처: https://www.bokjiro.go.kr

눈뜨고 한 6시 40분 되면 나가서 동네 앞에서 막걸리 한 병 먹고 와서 그냥 누워 있는 거야. 나는 아무 생각도 안 나. 그냥 누워 있으면은 테레비 보다 잠 오면 끄고 자고 그게 다 인생의 낙이야. 옛날에는 8시 반에 드라마 봤는데 드라마도 안 봐요. 재미도 없어. 뉴스만 봐요, YTN.

난 거의 추위도 안 타고 더위도 안 타. 나 한겨울에도 내복도 안 입어. 막걸리 한 잔 먹고 딱 와서 그냥 자버리니까. 빨래는 세탁기 해가지고 그냥 놔두면 자동으로 되니까. 저렇게 널어놓고. 거기다 널기 귀찮으면 방에다 쭉쭉 깔아놓고. 청소니 뭐니 얘기하면 싫어요. 그런 얘기 듣고 싶지 않아.

(거실 한가운데에 상이 펴져 있고 요구르트병, 김봉지 등이 쌓여 있다) 상도 원래 나는 그냥, 옛날부터 약간 이렇게 살아서 20년 동안을. 요구르트는 혈압약 먹을 때 그냥 혈압약 넣고 먹어. 그러니까 또 사야 해. 네 개니까 4일 먹은 거야. (상 위에 있는 자국들) 지지도 않아. 이제 먹을 때마다 조금씩 끓이니까, 반찬도 없어요. 그냥 이렇게 김하고 고추장 비벼 가지고 먹어요. 밥 한 번 하면 3일 먹어. 종이컵 하나로 하면 3일. 그거 하나 해도 그래도 다 못 먹어요. 정부에서 쌀 10kg짜리 나오는데 그거로 3개월 먹어[31]. 대신에 막걸리를 먹어서 그런지 밥 생각이 없어. 옛날부터 안주도 안 먹었어. 두부 같은 거

31) 정부양곡을 기초수급가구 및 차상위계층에 할인된 가격으로 지원함으로써 저소득층의 생활안정을 지원한다. 양곡대금(개인부담)은 생계 의료급여 수급자의 경우 10kg 2,600원, 주거 교육급여 수급자 및 차상위계층의 경우 10kg 10,900원이다. 수급자가 의무적으로 구입하는 것은 아니다. 출처: https://www.bokjiro.go.kr

옛날에는 좋았는데. 지금은 뭐 안 먹어. 냉장고에 아무것도 없어. 옛날부터 반찬 같은 거 많이 안 먹으니까. 김치만 조금 썰어 가지고. 고추장 좀 찍어서. 딸이 서천김 보내줘서 김하고 먹어. 그리고 다시다가 막걸리 안주로 좋아요. 젓가락에 찍어 가지고. 이게 짭조름하고 좋아, 버릇이야 버릇. 가끔 돼지고기 5천 원어치 사면은 한 열흘씩 먹어. 마늘 같은 거 넣고 김치찌개 해서 먹고 그렇게 살아요. 좋아하는 음식은 딱 한 가지 있어, 청국장. 그것도 1년에 한 번은 끓여 먹나. 청국장 해놓으면 한 일주일씩 먹으니까. 모자라면 김치 넣고, 삼겹살 조금 넣고. 내가 잡채 이런 것도 안 먹어. 옛날에는 많이 먹었는데 지금은 옛날 맛이 안 나고.

담배 사면은 하루 반나절에 담배 한 갑. 담배를 열네 살부터 폈어. 초등학교 졸업 맞고(하고). 종이에다가 싸서 피고 호박잎 좀 따서 부셔(부숴) 가지고 피고. 술은 내가 서른둘인가. 장가들어서 내가 조금씩 먹었어요. 마누라 죽고 외로우니까 그냥 아침에 눈뜨면 나가, 6시 반이면. 처음에는 생각이 났는데 지금은 이제 생각이 안 나요. 죽은 지도 벌써 20년이 넘었는데요, 뭐. 옛날 얘기 나 하고 싶지 않아.

운동은 자전거 타는 거. 막걸리 먹으러. 그냥 걷는 건 힘드니까 자전거 타고 왔다 갔다 해. 기찻길 다리 밑에 가서 막걸리 한 잔 먹는 거지. 나 혼자 그냥. 누구하고 말도 안 해요. 가게서 먹는데 3천 원이야, 한 병에. 혼자 먹다가 남으면 집에 가져와서 먹고, 테레비 보다가 그냥 가만히 자.

"술 먹고 돈 주고, 그래서 남은 거 하나두 없어"

여기가 수급자가 많아. 멀쩡한 사람도 수급자에다가 일도 안 하고, 그래 가지고 또 생계비, 주거비 몇 십만 원 받아먹을라고. 엄청나게 많아. 나같이 일 못 하고 병신 같으면 되지만은.

주거비, 생계비, 노령연금 다 합해서[32] 84만 원 정도 돼. 노령연금 30만 원, 주거비가 25만 원인가 그러고 생계비가 올라 가지고 34만 원인가 33만 원이고. (매월) 20일날 7시에 은행 문 여는 데 가서 서 있으면 그냥 돈 딱 들어오니까. 그러면은 주거비 같은 거에서 생계비에서 띠고(떼고) 25만원 방세 주고. 주인은 2층인가 3층 사는데 지금까지 날짜 되면 꼬박꼬박 통장으로 보내주니까. 물세는 두 달에 만 천 원. 한 달에 5,500원에서 5,600원. 전기세 안 내요. 가스비는 안 쓰니까 지난달에 안 나왔더라고. 공과금은 지금 3개월치 밀렸어. 다달이 내야 하는데 내가 안 냈어. 근데 왜 그랬냐면 지로 영수증 나온 걸 여기 농협에 가져갔더니 날짜 지났다고 안 받더라고. 며칠 지났는데. 테레비가 만 원 정도. 그리고 쌀 10킬로그램짜리 2,600원 띠고 다달이 한 포씩, 공짜는 없

---

32) 박용식 님이 기억하는 노령연금, 주거급여, 생계급여의 합계액이 실제 통장으로 들어오는 액수와 4~5만 원 차이가 났지만 개인정보보호를 위해 더 이상 확인하기 어려웠다.

어요. 동사무소에서 쌀은 돈 주고 사는 거지 공짜는 아니야. 휴대폰 요금은 조금 혜택 봐서 500원이지. 이것도 잘 쓰지 않아. 전화가 와야지. 나 쓸데없는 전화 여기저기 안 하니까. 애들한테도 전화 안 해요. 아들, 딸이 나한테 전화 안 해. 내가 안 하면은 생전 안 해. 그것도 어떨 땐 통화가 잘 안 돼.

가스, 텔레비전, 핸드폰, 방세 내고 나면 그래도 한 40만 원 남아. 담배사고 어떨 땐 못 살 때도 있고, 그게 내 인생. 아들이 한 달에 돈 10만 원씩 용돈 보내주면 고맙고. 인생 그렇게 사는 거예요. 공과금 내고 또 술 먹고 담배 사 피우고 낙이 술이야. 딴 낙은 없어. 나는 남한테 저기 나가서 우째다 담배 떨어지면 한 개 피고 술도 안 얻어먹어. 나는 있으면 그냥 있는 대로 그냥 다 써야 돼. 왜 그런 마음이 있냐면 주머니에 돈 넣고 남 먹는 거 쳐다보기 싫어서. 술 먹고 돈 주고 그래서 남은 거 하나두 없어.

(이부자리 옆 통장과 현금이 든 가방을 보여주며) 여기 이 통장은 한 달에 한 번씩 수급 나오는 거. 이 통장에 9천 원 그냥 넣었어. 한 번에 다 빼내니까. 여기 놔뒀다가 나 막걸리 생각나면 막 꺼내 가지고. 이거는 쓸모없는 통장이야. 쓸모없는 건 내가 또 버리기가 그렇더라고. 누가 와서 문 열어달라고 하면 그것도 귀찮아서 문 열어놓고. 가져갈 게 뭐 있어요? 누가 가지고 가겠어? 오죽하면 문 열어 빈집에서 가지고 가겠어. 누가 와서 그렇게 해. 불 꺼 있는 빈집에 와서. 신경 안 써요, 가져가든 말든. 돈 같은 거 이런 거 신경 안 써요. 없으

면 또 외상 해서 먹고, 외상 주니까. 한 40년 단골이니까 그
거 다 때 되면 딱 주니까. 나는 100원짜리 하나 누구한테 빚
진 거 없어. 나 여기 나가지만은 누구한테 빚진 거 없어. 그
냥 맘 편하게 사는 거야. 처음에는 빚 좀 졌지. 큰 빚은 안 져
도 돈 100만 원씩 빚지고 살았지. 다 갚았어. 지금은 갚을 거
10원짜리 1원짜리 하나 없어, 난.

7~8월 무더위에도 선풍기를 사용하지 않는 그는
방문한 이를 위해 선풍기를 틀었다

"딱 2만 원 있는 거, 사기 당했네"

　나 도둑맞은 것 같아. 젊은 놈이 여기 1층 계단 내려오다
가 넘어져 가지고 다리가 부러져서 병원에서 뭐야, 기부스하
고 택시 타고 왔다고 택시비가 없다고 해서 줬어. 10분 있다
갖다 드릴게요 했는데. 10분 후에 준다고 그랬는데. 아 그냥
딱 2만원 밖에 없는 거 줬어. 1층이라고. 나 알도 못하는 사
람이야. 문을 막 두들겨서 들어오더라고 문이 열려 있으니까
안 잠그니깐. 내가 볼 때도 아마 떼인 거 같아.
　나도 돈 없어. 수급자잖아. 돈 몇 푼 나오는 거 가지고 방
세 내고 뭐 내고 사는데. 얼굴도 모르는 놈에게 사기당해서.
지금 그게 자꾸 생각이 나네. 갖다 주는 그런 사람이 아니야
내가 보면은. 뭐 좋은 일했다 치면 되는 거지. 어차피 뭐 갖
다 주면 좋고 안 갖다 주면 말고. 하도 제 애비 타령해서 택
시 타야하는데 택시비가 없다고 돈을 못 찾아 왔다고 해가
지고. 애비가 누군지 알도 못하고. 여기 1층 산다고 했는데.
나 이 새끼 여기 산다고 그랬는데 내가 얼굴도 모르고. 이만
원 떼어 먹었다 치면 되지 뭐. 이만 원으로 내 인생 망가지는
것도 아닌데. (봉지 속에 있는 다시다를 안주 삼아 젓가락으로 찍어
먹으며) 인생 망가지는 것도 아닌데 뭐. 그렇다고 금방 죽는
것도 아니고, 안 그래요? 금방 죽는 것도 아니고. 사정을 하
는데 안 줄 수도 없고. 어차피 뭐 끝난 거야. 갖다 주면 다행

이고. 내가 속았어. 속았다 쳐야지 뭐. 젊은 놈이 와 가지고. 어차피 2만 원 없다고 못사는 거 아니고. 2만 원 있다고 더 잘사는 거 아니고. 마음을 편하게 먹어야지. 그냥 마음 편하게 먹는 게 좋아요. 도망가든지 말든지 오죽하면 그러냐고, 나 말 안 해. 나 누구한테 10원짜리 하나 빌려본 적이 없어. 야, 나 막걸리 한 병 사줘라 해본 적도 없고. 언제 죽을지 모르는 놈이 남한테 뭐 좋다고.

(이웃) 얼굴은 우짜다 한 번씩 봐. 옆집 여기 온 지도 몇 개월 됐는데 뭐 말도 안 하고. 여기도 이제 30대 후반, 후반도 안 돼 초반이지. 두 내우가. 말도 안 하는데 뭐. 둘이 사니까 부부겠지. 그냥 나는 누구한테 욕도 안 하고 시끄러운 것도 싫고 그냥 나는 누구한테 피해 주고 싶은 맘도 없고.

"주변 사람하고 말 안 해요"

주변 사람하고 말 안 해요. 알아야 뭐라도 마주치면 인사라도 한번 하고 말도 하고 그러지. 말하고 그렇게 대화하는 사람? 그런 사람이 없어. 아이, 있으면 좋지! 나는 친구가 없어. 일단 한 사람 딱 있어, 나 좋아하는. 개는 전라도. 나는 친구가 없어. 친구는 그냥 사귀고 싶지도 않아. 전라도 사람은 이중성격을 많이 써. 나누는 말이 많아서. 나는 하도(하지도) 않았는데 욕도 많이 얻어먹고. 해도 않은 얘기 여기서 하고, 나한테 들어오고. 그래서 지금도 여기 나가면은 딴 사람들은 하나도 없어. 전라도 사람만 전부 다! 대여섯 명 막걸리 사다 먹고. 나는 끼도 않고. 여기서 ○○○약국까지 가야 거기 골목에 충청도 사람들 마을이 있어. 한 80분은 살아. 어울리는 거는 내가 걸로 가야 어울리는 거지.

사람 많은 건 좋은데. 막 떠들고 그러는 건 싫어해. 나도 술 먹다 보면 내 옆에서 먹어 가지고 뭐라고 얘기를 할 수도 없고, 다 제 돈 주고 술 처먹는 사람들인데 먹다가 그냥 와요. 그것도 오손도손 좋은 얘기하는 것도 아니고 그냥 옛날 경비 얘기 노가다 얘기. 나는 노가다 얘기 안 해요. 여기 있는 사람들 내가 노가다 했는지 안 했는지도 모를 거야. 얘기 안 하니까.

아유, 경로당도 안 가. 철길 지나서 가다 보면 ○○○약국 이라고. 바로 그 옆에 가면 경로당 있어요. 거기 경로당에 다니는 사람하고 같이 술도 먹었어. 경로당에서 처음 본 사람하고. 지금도 자주 만나, 여기 경로당 총무. 같이 술도 먹고 다 했는데 경로당 체질 안 맞고. 내가 경로당 갈 나이도 아니야. 경로당에서 나오라고 해도 나 안 나가. 가야 뭐 100원짜리 돈 내기나 하고. 모임 같은 것도 내가 안 다니는데 그런 거 뭐, 다 싫어. 내가 다리가 아파서. 다리가 멀쩡하면 그런 데 갈 일도 없지만은.

중랑구에 생겼으면 좋겠다고 생각하는 게 있어도 내가 얘기해 봤자 소용이 없으니까. 난 구청도 안 가, 동사무소도 안 가. 전화 오면 통화하고. 쌀 말고는 동사무소에서 주는 건 없어요. 통장이 한 달에 한 번씩 쓰레기봉투 5리터 요만한 거 갖다 주니까. 음식물쓰레기 봉투 하고 10장씩 주던데. 찾아와 가지고 밑반찬 갖다 주니 마니 하는데 말로만 하지 소용없어. 나 그런 거 못 받아요. 그거 어디 가서 신청해야 한다고 하는데 나는 알지도 못해. 갖다 주면 좋죠. 근데 나 그거 어디서 하는지 몰라.

동사무소에서 연락 와서 삼계탕 먹으러 갔더니 사람들은 많고. 자리도 비좁고. 아이고, 나 그냥 나와 버렸어! 먹는 사람은 잘 먹더라고. 또 동사무소 직원들이 한 번 왔어. 한 3개월 전에, 애로사항이 있으면 얘기해라 그래 가지고 '딴 거 없고 구청에다가 영세민 아파트 있는 거 접수 좀 해주세요.' 했지. 그리고 복지과에서 쌀 같은 거 햇반인가 주고 그게 끝이야.

저 문 앞에다가 센서등 단다고. 들어오면 불 들어오고 하는 거 해준다고 구청에서 전화 왔던데? 그거 하나 달아주면 좋아요. 밤에 좀 늦게 들어오면 불을 킬라면은 저기서 엉금엉금해서 와야 돼. 바깥에도 있는데 바깥에는 소용이 없어. 여기 안이 환해야지. 고 하나 달아준다고 해 가지고.

(옛날로) 돌아가고 싶지 않아. 그냥 지금이 딱 좋아요. 나는 혼자 있으면 그냥. 내가 진짜 대화하는 거는 처음이야. 딴 데서 내가 이렇게 떠들잖아? '말 더럽게 많네', 그래. 나는 막걸리를 먹어도 누구하고 안 먹고 그냥 혼자 먹고. 외롭지는 않아. 막걸리 한 잔 먹고, 오다가 막걸리 먹던 거 남은 거 갖고

왔어. 집에서 한 잔 하고 그게 낙이야. 나는 보쌈이랑 이런 거 해 가지고. 김 싸먹으면 되고. 반찬은 다른 거 없고 김치만 먹어, 김치. 아는 사람이 줘서 그거 먹어. 하나 가져가쇼. 나 진짜 많아. 진짜야, 농담이 아니고. 내가 또 옛날 애기 또 나온다. 내가 서울 올라 와 가지고 마누라랑, 그때는 애가 없었어, 중랑역에서 보면 우리동산이라고 포장마차 있더라고. 의자 두 개 놓고 장사해서 거기서 그냥 술을 한 잔 얻어 사 먹었어. 500원인가 천 원인가 할 때 그게 인연이 돼 가지고 계속 다니는 거, 한 40년 넘게. 43년 정도 됐어요. 그 사람이 김치를 준 거야. 내가 그만큼 하니까 주는 거지. 내가 막걸리 한 잔 먹어도 한 잔 하라 하고 따라 줘야지. 내가 안 해봐요, 가진 건 없고 말수도 없지만은 인정은 나도 많은 사람이야.

박용식 님을 만나고

김창숙

컴컴하게 불 꺼진 방, 거실 밥상 주변에 쌓여 있는 요구르트병과 막걸리병, 문을 열고 들어서면 매캐한 담배냄새가 뿜어져 나왔지만 창문은 늘 닫혀 있었다. 7~8월의 더위에도 선풍기를 켜지 않은 채, 시끄러운 소리가 싫어 창문도 닫아 놓는다고 했다. 창문을 열고, 불을 켜고, 선풍기를 틀고, 그렇게 우리는 얼굴을 마주했다.

가난한 집안의 장남, 아픈 아내와의 결혼생활, 지역을 오가며 지속한 고된 노동, 그의 삶에 사연들이 많아 보였지만 세 번의 만남에선 깊은 이야기를 하지 않으려 한다는 느낌을 강하게 받았다. 그는 가족, 특히 아내의 이야기를 하면 엉뚱한 생각이 나 골치가 아파진다며 하던 이야기를 멈추곤 했다. 시간이 지날수록 아주 조금씩 자신의 이야기를 확장해 갔기에 그와의 인터뷰는 천천히 다가가고 대화하는 시간들이 필요했다. 그는 막걸리 마시는 게 삶의 낙이었지만 매일 가는 술집에서도 혼자 술을 마신다. 가족들과 대화 없이 살고 있고, 40여 년을 산 곳에 가깝게 지내는 이웃이 없다. 동사무소에서 삼계탕 먹으러 오라는 전화를 받았다며 몇 번이고 자랑했지만 사람들이 너무 많아서 먹지 못하고 다시 돌아왔다.

그는 사람들 속으로 비집고 들어가 관계를 만들어 가지도 이어가지도 못한 채 쓸쓸한 노년을 보내고 있었다. 오랜 세월 건설현장에서 일해오다 어느 날 갑자기 주저앉게 되어 양쪽 고관절 수술을 하고 일을 그만두어야 했는데 자신이 관리를 잘못한 탓이라고 여겼다. 개인이 관리를 잘못한 책임보다 자재취급 작업이 많고 부자연스러운 자세로 작업을 해야 하는 건설현장의 작업환경을 개선하지 않은 회사와 업계의 책임이 더 큰데도 말이다. 그는 가난도, 오랜 노동으로 인해 망가진 몸도 모두 개인의 탓으로 여기고 있었다. 안타깝고 속상했다. 그의 모습에 여러 남성들의 모습이 겹쳐진다.

예전으로 돌아가고 싶지 않은 그의 삶이 쓸쓸하지 않으면 좋겠다. 닫힌 마음이 열려 이웃들과 이어졌으면 좋겠다. 술만이 낙이 아닌 삶의 다른 낙이 생겼으면 좋겠다. 가족들에게 속으로만 잘해주지 말고 표현해 주라고, 자신의 몸이 망가진 게 자기 관리를 못 해서가 아니라고 다음번에 만나면 꼭 말해줘야겠다. 이웃들과 어울리며 웃고 떠드는 그의 모습을 상상해 본다.

정다운

대화를 하다가도 일정 부분 이상은 이야기해주지 않는 사람이 있다. 그 안에는 기쁨이 있는지 슬픔이 있는지 쓸쓸함이 있는지 모를 일이다. 그는 자식과 가족을 먹여 살리기 위해서 자신의 몸이 망가지는 줄도 모르고 쉬지 않고 일을 해왔다. 고된 일을 입 밖으로 꺼내고 싶지 않았을 수도 있고, 먹고 살기 바빠 삶을 묻기보다 일을 하는 게 우선이었을 수 있다. 마음으로 아끼던 아내가 세상을 떠났을 때, 일하는 게 전부였던 사람이 다리가 아파 일을 그만두게 되었을 때, 마음이 얼마나 복잡했을지 감히 상상할 수 없다. 고향을 떠나 서울에 자리 잡을 때, 결혼 후 고향으로 돌아가 담배 농사를 짓다 고된 생활에 다시 서울로 돌아왔을 때는 어떤 마음이었을까? 과거와 지금 어떤 일이, 어떤 마음이 자신을 통과했는지 끝내 말하지 않아 알 수 없었다. '나는 10원 한 장 빚 안 져. 예전으로 돌아가고 싶지 않아. 지금이 편해.'라고 말할 뿐이다. 이 마음은 진심이다.

누군가에게 빚지고 살지 않는다는 자부심과 편안함이 그를 살게 한다고 느꼈다. 나는 이 사람을 정말 알 수 없다. 아주 일부분만을 들여다볼 수 있을 뿐이다. 막걸리 대신 밥을 먹고, 사람도 만나 운동도 했으면 하는 바람이 든다. 하지만 다리를 다치면서 평생 일한 공사 현장으로 돌아갈 수 없게 된 현실과 몸이 상하는 것을 알면서도 공사 현장에만 있을 수밖에 없었던 상황은 사회 구조적으로 바라봐야 한다. 사별 후 함께 살게 된 분이 돌봄을 하기를 원치 않아 자신이 가지고 있는 돈을 내어주고 혼자 살기로 한 선택에서 주변 사람에게 폐 끼치고 싶지 않다는 마음이 드러난다. 그러나 그의 일상과 지금의

빈곤은 개인의 문제만이 아니기에 반찬과 이야기 나누는 것 말고도 필요한 게 무엇이 있을지 고민하게 한다.

송순례 님 구술

지금이 젤로 편하다

대담 및 기록

박을남 · 이정

송순례 님

2022년 현재, 만86세.

1937년, 대전에서 태어났다. 열일곱 살 어린 나이에 시다로 봉제일을 배워, 스물두 살 결혼과 동시에 고향을 떠나 평화시장에서 봉제기술자로 서울 생활을 시작했다. 폭력적이고 의처증이 심한 남편과 40대 후반에 이혼하면서 중랑구에서 새로운 인생을 시작했다. 관내 노인복지관 프로그램을 즐기며 반려견과 즐거운 일상을 만들어 가고 있다.

"부모덕 없으면 서방복, 자식복도 없대"

어렸을 적에는 고생도 많이 했지. 우리 남자 동생들은 학교 다녔고 난 여자라고 학교를 안 보냈어. 기집애들이 학교 가면은, 시집가서 못 살면 편지한다고 안 보내. 집이 가난하니까 나를 내보내서 봉제일을 시켰어, 열일곱인가 열여덟에 처음 시다로 들어가서 금방 미싱을 배웠지. 학생들 옷 만드는 일을 했어. 옷 만드는 거 말고 딴 거는 몰라. 월급을 탈 때가 되면 우리 어머니가 와서 후딱 가져가고, 후딱 가져가고 돈은 구경도 못 하고 일만 해야 되는데 내가 살겠어? 일할 재미가 없지. 내가 벌어다 우리 부모를 먹여 살렸어. 지금도 얘기해, 우리 동생이. 작은누이가 맨날 우리 옷 사다 입히고 그랬다고. 돈 벌어 우리 엄마 갖다 주면 그걸로 먹고 살고. 그런데 시집와서도 마찬가지여. 부모덕이 없으면 서방복도 없대. 서방복 없으면 자식복도 없대. 그 소리가 꼭 맞어. 아이고, 나는 일복을 타고나서 일이 너무 많아.

남편하고는 연애 걸었지. 일하러 다니면서, 맨날 따라다니고 나를 좋다고 해서. 안 할라고 했는데, 좋다고 쫓아다니고 우리집 와서 뭐 사다 주고 하니까, 시골 노인네들 홀딱 넘어가지. 스물두 살에 결혼했는데 하나마나여. 군대 가 버리고, 딸 하나 낳았는데 어디로 가버리고 없어. 딸은 컸는데 학교를 좋은 데 보낼려고 했는데 도망가서 안 들어와. 소식이

없어, 어디 있는지. 살았는지 죽었는지 몰라. 찾을 생각을 안
하고. 몇 년 됐어. 동사무소 가서 우리 딸이 있는데 좀 봐 달
라고 했더니 "죽진 않았네요" 해. 이름 보니까 죽은 사람이
없는가 봐. 찾을 생각을 안 하지. 찾아서 뭐 해. 나한테 그렇
게 하는데. 어디로 갔나? 미국으로 갔나 봐. 몰라, 소식도 없
어. 남편은 의처증이 있어서 자꾸 쫓아다니고 때려. 집에 오
면 연탄집게, 우산대, 칼 이런 걸 미싱 위에다 갖다 놓고 있
어. 저기 문 열고 들어오면 느닷없이 멱살을 확 잡아당기고
막 때려서 혼자 까무러치고 그랬어.

동네에서 내가 반장 노릇을 했거든. 반장 회의를 하러 통
장 집에 갔는데 옆에 사람이 "아이고, 신랑이 뒤에 따라 댕
기는 거 알아? 파자마만 입고 통장네 집 문 앞에 와 있어" 그
래. 그래서 밖을 쳐다보니까 남편이 전봇대 뒤에 얼른 숨더
라고. 진짜 따라댕기는 거야. 사람들이 그러니까 시장에 갈
적에도 뒤를 돌아다봤지. 괜히 그렇게 따라댕기고선 "어디
가서 어떤 놈하고 어디 갔다 왔냐" 하고, 시장 갔다 와도 "어
떤 놈하고 어디 갔다 왔냐"고 해서 왜 그러나 했지. 몰랐다
니까!

친구들한테 전화가 오잖아? "이리 오라고, 우리집으로 오
라" 그랬어. 친구들이 와서 빙 둘러앉아 있으면, 좀 떨어져서
들어도 되잖아? 여 가운데 와서 딱 앉아 있으면서 이 사람
저 사람이 무슨 말을 하나 들을려고.

그러다가 병이 걸린 거여, 풍이 걸렸어. 하룻밤 자고 나니

까 팔을 못 쓰더라고. 그래서 경희의료원에 데리고 가서 입원시키고, 나중에는 어지간히 나았지. 나았는데, 집이 어디가 있어? 세 살았지. 그래 빚을 얻어서 집을 하나 조그만 걸 장만했어. 그래 사 가지고 하도 그래서(때리고 쫓아다니고) 팔았지. 팔았더니만 저 파주 사는 외사촌 형이 아침 일찌감치 들어와, 두 명이. "아유 어쩐 일이세요? 여길 다 들어오고?" "아, 용환이가 돈 가지고 가라고 해서 왔어요." 왜 집 판 돈을 가져가라고 그러냐? 내가 빚을 얻어서 산 집인데. 집을 팔고 300만 원을 날 주더라고. 그놈을 갖고서는 도망가 버렸어, 안 줄라고. 도망쳤더니 막 찾으러 다니고 지랄하고 그냥 난리가 났어. 그래도 내가 안 붙잡혔어. 돈을 잔뜩 여기 스타킹 속에다 넣고서는. 참 그때만 해도 어리석었어. 은행에 갖다넣으면 될 건데, 급해 가지고. 만 원짜리가 얼마나 많아? 300이면. 그걸 스타킹 속에 넣어 가지고 그냥 다녔어. 아는 언니 집에 가서 숨어 있었는데 그러다 집에 들어갔지. 또 막 두드려 패는 거야. 두드려 패니 난 여자니까 뭐 뒤지게 얻어맞았지. 그냥 문짝에다 짓찧고 막 그러니까 난 어떡해? 또 도망 나왔지. 아유, 못 당해 그것도.

그러더니 나 없을 때 집을 팔았어. 내가 인감도장을 갖고 나왔는데 그 인간이 내 인감도장을 위조를 했어. 그걸 위조해서 팔아넘겼더라고. 그래 내가 동사무소에 갔어. 동사무소 직원이 인감도장을 내놔보래. 내가 내놓은 걸 보고서는 이 인감도장이 맞다는 거야. 그때 즈이 매형이 따라왔어. "너

아주머니한테 빌어라. 너 영창 안 가려면 빨리 빌어라, 빌어라." 그래도 안 빌어. 고집이 세 갖고. 그래서 내가 돈을 더 가져왔지. 500을 더 가져왔어. 그래서 이혼을 해 버렸어. 이혼을 해야지, 어떻게 살아? 못 살아. 제정신이 아니니까 그 돈을 줄라고 그랬던가 봐. 내가 돈을 가지고 도망가 버려야지, 거기 있으면 다 뺏겨 버리잖아.

예전에 내가 돈 벌어서 봉투째 갖다 줬어, 맨날 벌어다 주고 지가 집에서 살림하고, 봉투째 안 주면 뒤지게 맞어. 그러니 갖다 줘야지. 나도 바보여. 그때만 해도 어리숙하고 시골 애라 알아? 지금 같으면 어림도 없는데, 시골서 살아서 모르지. 왜 그랬나 몰라, 나도. 그렇게 고생을 했다니까.

이혼을 사십일곱? 여덟에 했나? 안 해줄라고 그랬지. 법원서 주민등록증을 내놓으라고 그래, 내 주민등록증을 홀딱 지 바지 주머니에 넣더라고, 넣는데 그 사람이 그렇게 하면 걸린다고 가서 한 30분 생각하고 오라고 그래. 그러더니 점심 먹고 와서 주민등록증을 내놓더라고. 그래 이혼 도장 찍고 저는 앞문으로 나가고, 나는 뒷문으로 나오고 그랬지. 이혼하고서도 맨날 쫓아댕겼어. 맨날 와, 장사하는 데. 제정신이 아니니까 그러지. 지랄하고 미친 놈! 어디 가서 죽었나 살았나 몰라. 자기 동생이 그러는데 주민등록증 텔레비전에다 얹어 놓고 그냥 나갔대. 지 동생이 인천 살거든. 파자마만 입고 운동화짝 끌고 돌아댕기더래, 아는 사람이 보니까, 어째 자네 형같이 똑같이 생겼더래, 가보니 형이더래. 집에 데려다 목욕시키고 옷 입히고, 얼마 있다가 여편네를 얻어 줬나 봐, 그랬더니 또 나가고 또 나가서 소식이 없대. 나야 이혼했으니까 상관이 없지.

"난 막냇동생 업고, 죽은 동생은 된장 단지 들고…"

열세 살 때 전쟁도 겪었어. 전쟁 나면 저 구석에 가 섰어, 저 구석에, 전쟁 안 나는 구석에 가서 서 있었어. 인민군이 먼저 쳐들어왔어. 나도 작대기 갖고 인민군을 따라댕겼다니까. 시골에 살아 몰라서 작대기를 총이라 생각하고 맨날 따라댕겼어.

인민군들은 잘해, 호박이 담에 이만큼 이런 게 열렸어. "아주머니, 저 호박 팔면 안 돼요?" 그러면 어머니는 무서우니까 "그냥 따다 잡숴요" 그러면 "아니요" 하고 그 사람들은 돈 꼬박꼬박 줘, 그냥 공짜로 안 가져가. 따다가 어떻게 지들이 어디 가서 해 먹는지 몰라. 피해 본 거는 없어, 소 같은 거, 닭 같은 거, 개 같은 거 있으면 다 잡아먹어, 그 사람들이. 나도 어지간혀. 저 뒷동산에 가서 소를 어떻게 잡나 봤더니 소를 여기 나무에다 꼭꼭 매 놨어, 콧구멍이랑 이렇게 매 놓고 총으로 배를 팍 쏘니까, 소가 팔딱 뛰어, 나중에 소가 안 죽으니까 대가리를 도끼로 막 때려. 총에도 안 죽어. 아이고 저걸 어떻게 잡나 하고 내가 가서 유심히 봤다니까. 어려서 별걸 다 봤어, 무서운 것도 모르고. 어리니까 무서운 걸 모르겠더라고.

　그놈들 여기 지금 쳐들어오기만 하면 쌀 창고 같은 데를 먼저 열어놔. 그 사람들은 배가 고프니까. 소 있는 사람들은 창고에 있는 쌀가마니를 잔뜩 구르마(수레)에 싣고 가서 부자된 사람들이 많아, 우리는 소가 없으니까 그런 건 안 가져왔어. 쌀 창고를 열어 노니까 가져가면, 다 내 꺼가 되니까. 그리고 좋은 건물은 다 불질러 버리고. 연기가 폭폭 나, 다 불 질러버려. 다 망해라 그려. 인민군들 오면 지금도 안 그러겠어? 지금도 그렇겠지, 맨 불타 갖고 잿더미가 되겠지.

　총탄 끈이 이렇게 납족해(납작해). 끈이 엄청 질기고 좋아. 그 끈 쓸려고 총탄 터지면 죽는 줄도 모르고 총탄 갖고 맨날 놀았어. 저 똥고막 때리면 팍 터져 죽어. 근데 그것도 모르고 맨날 앉아서 그것만 빼는 거여, 미국 사람 와서 "알로하오" 하면 쪼꼬릿 하나씩 주고 가고, 흐흐흐.

　얼마나 피난을 댕기고, 그냥 총알이 여기서 펑 하고 터지고 내 옆에 와 꽂히는 거여, 펑하고. 맞았으면 죽었지. 그 자리에서 가다가 죽었지, 그래도 피난 가느라고, 무서워. 난리 한 번 겪어서 전쟁 나는 거 무서워. 우리 동생은 내가 업고 갔는데 지금 대전 있는 동생 나도 열세 살이라 조그만한데, 그건 더 조그맣지. 그걸 업고 갔어. 우리 어머니는 보따리 이고 가고, 죽은 우리 동생 하나는 장 단지 요만한 거 하나 들고 가고. 반찬이 없으니까 된장 단지라도 가져가야 되잖아. 우리 언니는 자기 애기 업고 보따리 이고 가고. 그 아기가 여기 살아, 지금 커 갖고. 우리 조카가, 저 건너 ○○약국 뒤에 가깝게는 살아. 내가 된장 담아달라고 메주를 갖다 줬어. 그랬더니 우리 조카가 된장을 담가서 한 통 퍼주더라고. 냉장고 갖다 뒀났어. 왕래는 있어도 어쩌다 한 번씩 가지, 자주 안 가. 내가 전화 안 하면 잘 몰라. 즈이 애들 있지, 마누라도 요양사 다녀. 가끔가다 가지, 내가.

"5번 미싱사, 나와!"

대전서 태어나서 스물두 살 때 서울을 왔어. 와서 평화시장[33]을 사뭇 다녔어, 거기서 내가 늙었어. 내가 원래 봉제기술자였어. 아침에 가서 하루 진종일 하고 6시에 끝나면 야간도 하고 밤일도 하고 그랬어. 오랫동안 했지. 미싱 10대 놓고, 재단사만 남자고, 보조 있고, 열여덟 열아홉 살 개네들이와서 시다 하고, 한 22명 됐지. 점심 굶고 일하잖아, 옛날에는 호떡 하나에 5원씩 했어. 5원씩. 그거 하나 사 먹고 일하

---

33) 전태일이 분신하며 노동 현실을 고발한 곳이자 한국 패션산업의 출발지이기도 하다. 한국전쟁 이후 실향민들은 청계천 근처에 거주하면서 의류를 제작하고 생계를 이어갔다. 미군 부대에서 나온 군복과 담요를 활용한 옷도 만들어 팔았다. 당시 청계천 주변은 무허가 건물과 노점이 즐비했으며 이곳으로 배출된 오수와 쓰레기로 서울시는 골머리를 앓았다. 1958년 청계천 복개 공사를 시작하면서 재래시장은 없어질 위기에 놓였으나, 상인들은 집단 대응하여 서울시로부터 부지를 제공받고 건물을 지었다. 많은 상인들이 실향민이었기 때문에 이들은 평화 통일의 염원을 담아 상가를 평화시장이라 이름 짓고 1962년에 문을 열었다. 당시 평화시장 1층은 상점이, 2~3층에는 봉제공장이 있었다. 1970년대에는 가내수공업을 위주로 한 영세업체들이 많이 있었는데 이들은 도시 빈민과 일용직 노동자들의 값싼 노동력을 기반으로 업체를 운영했다. 출처: https://namu.wiki/w/평화시장(서울)

고, 그렇잖음 라면 300원씩 주고 먹고 일하고, 만날 짜장면 먹고. 그래서 지금은 짜장면, 호떡, 라면을 잘 안 먹어 물려 갖고.

평화시장에서 일하는데 내가 번호가 5번이라, 미싱번호 가. 사장님이 "5번, 그놈 때려치고 나와. 내가 좋은데 시집 보내줄게, 나와 나와" 그래도 못해. 시댁에 제사가 많아. "5번 내려와" 해서 가면 사장 마누라가 돈을 주면서 "이거 갖고 시장 봐서, 오늘 제사 아니여?" 제사를 다 알고 있어 세상에. "오늘 제사 지내고 내일 또 일찍감치 나와" 그러면서 나를 살살 달래. 내가 거기서 주동자거든. 그러니까 노상 무슨 날이 있고 다 알아. 거기서 사장님이 날 잘 봐 가지고 얼마나 잘했는지 몰라. 옛날에는 이런 참외를 광주리에다 여자들이 한 광주리씩 이고 평화시장에 댕겼어. 월급 안 올려주면 애들 끌고 저 장충단공원에 가. 우리가 들어오면 "여기 주동자가 누구야? 왜 애들 다 끌고 나갔냐?" 사장님이 그러면 내가 "월급 안 올려 주니까 다 끌고 나갔죠!"라고 대답을 해. 다 나가 버리면 일도 못 하고, 일은 바쁘지, 끌고 나간 걸 어떡할거야. 그러면 사장님이 그 사람 다 불러 "여기다 내려놓으세요." "니들 다 깎아 먹고 일 잘하고 또 그러지 마" 그러면서 살살 달래. 짜장면 다 사먹이고 참외도 다 깎아먹고 월급도 조금씩 올려주고. 그랬어.

스물두 살에 와서 한 마흔 살 넘겨 했지. 오래 했어. 거기서 늙었어. 그래 저축을 잘 했다고[34], 저축을 조금씩 조금씩 하다 보니까 1등상을 탔지. 국민은행에서 뽑혔어. 저기 시민회관에 가서 상도 타고 옛날에 그랬어. 내가 시집을 안 갔는 줄 알고 시계를 주더라고 남자 시계를 주면서 "송양, 이거 갖고 약혼 시계 해" 지점장이 그러면서 지점으로 데리고 왔어. 들어가니 손뼉들을 치고 막 그러더라고. 그러면 뭐 해, 난 이미 시집을 가서 뒤지게 얻어맞고 맨날 있는데. 그러다 그만뒀지. 너무 오래 다녀 지겨워서 못하겠어. 일은 지겹지. 집에 들어오면 자꾸 때리고 "어떤 놈하고 어디 갔다 왔냐고." 의처증이 있으니 그거 못 쓰겠더라고. 난 그걸 몰랐어.

"그놈도 사기꾼이야"

스물두 살에 결혼하고 서울 종암동으로 갔다가 작은집이 장위동에 있었어. 거기서 살다가 이혼하고 중랑구로 온 거여. 한 집에서 30년을 살았어. 혼자 그 집 관리하면서 살다 보니 나이를 먹어서 죽을 때가 됐잖아. 그때 여기 복개도 안 했어. 개천이라 넓었지, 엄청 넓었어. 덮지도 않고 지저분하

---

34) 1960~1970년대 저축장려 정책 : 1970년 정부는 <저축증대에 관한 법률>을 제정하고 '저축추진중앙위원회'라는 조직을 전국으로 확대시켜 활동을 활성화했다. '저축하는 국민 되고 자립하는 나라 되자'라는 슬로건 아래 정부는 저축을 장려하는 분위기를 조성하려 범국민적인 저축 운동을 전개했다. 경제 개발의 기초를 마련하고 외자 조달의 원천이자 근간인 저축을 늘리는 데 힘써야 한다는 정책으로 소비를 절약하여 저축해야 하고, 근검과 절약은 저축의 근원이며 건설의 시발이라는 내용이었다. 이때 나온 말이 '허리띠 졸라매고', '티끌 모아 태산'이었다. 출처: 행정안전부 국가기록원 (https://theme.archives.go.kr/next/koreaOfRecord/saving.do)

고 그대로 있어. "어머 여기 시골이네. 서울에도 이런 데가 있냐?" 그랬어. 방을 얻으러 갔는데 문짝이 나달나달 다 떨어져 있더라구. 그거 고쳐서 오래 살았어. 그 집을 팔아서 여기로 이사 온 지는 한 1년 됐어.

이혼하고 나와서는 여기 상봉동, 동부시장 전화국 있는데 와서 장사를 했어. 찻집을 했지, 아가씨 하나 두고 커피, 쌍화차 같은 거 팔았어. 아가씨들이 잘 팔잖어. 찻집을 혼자 했는데, 거기를 노상 찾아오는 거야, 이혼을 했는데. "언니, 형부가 왔어. 와서 여태 기다리다 갔어." "그런 사람 오면 내쫓아라. 경찰에다 신고하던가." 그러면서 내쫓아 버렸어. 노상 찾아오고 그러더니 나중에는 안 찾아오더라고. 그거 하다가 나중에 장사가 안 돼서 그만두고서 장사를 오래했으니까 못하잖아. 그래서 집에서 그냥 있었어.

우리 친구가 제 딸을 신륵사에서 여윈다고 해서 거기를 갔지. 관광버스를 타고 갔다가 여기까지 왔는데 내려달라고 그래도 안 내려주는 거여. 내가 잘 노니까 안 내려주고 미아리 대지극장 앞에 친구네 집에 갔는데, 그때만 해도 젊으니까 히루(하이힐)를 신었잖아. 발이 아파 죽겠어. 어디서 가만히 드러눴음 좋겠는데, 또 카바레를 가재. 카바레를 갔어. 가서 조금 놀다 보니까 나만 계속 부르는 거여, 웨이터들이. "저 사람들 좀 불러가, 나 다리가 아파서 못 놀겠어" 그랬어. 거기서 놀다가 나왔어. 나와서 횡단보도를 건넜어. 파란불이 들어와서 건넜는데 그때부터는 몰라 이제, 어떻게 된 건지. 교통사고가 난 거야. 파란 불이 들어왔는데, 이 <야망의 세월>에 나오던 탤런트 이휘향이 아버지 차 같은 거 훔쳐 갖고 도망을 가다가 우리를 쳐버린 거야. 나는 붕 떠서 날아갔어. 날아가는 걸 버스기사가 잡았대. 그래서 머리를 많이 다쳤어. 내가 아는 사람은 5미터 끌려갔대. 목이 앞 유리에 끼어서, 키가 커서 다리가 길잖아. 그냥 끌려가고. 한 사람은 그 자리에서 즉사해 버리고. 제일극장 그 앞에 대한병원으로 바로 경찰들이 입원을 시켰어. 그때부터는 이제 모르지. 머리 뇌수술을 하려고 입원실에 갖다 놓고 손톱 매니큐어 다 지웠던가 봐. 그랬는데 뇌수술은 안 했어. 얼마 있다 보니까 여기를 뒤통수를 떨어지면서 맞으니까 얼굴이 시퍼렇게 됐어. 옆에 사람들이 "부부싸움 했어요?" 물어봐도 대답을 못 해. 그냥 말이 안 나오니까 고개만 흔들지. 말을 못 해. 사람도 몰라봐. 누가 왔었는지 지금도 몰라. 그래서 거기서 넉 달 동안 있었어.

나 혼자 있으니까 누가 와서 법원에다 고소해야 하는데 고발해 줄 사람이 없어, 그놈을 잡아야 하는데 그놈은 뺑소니로 도망가 버리고. 도망가서 못 잡았어. 병원 나와서 어떻게 아는 사람이 있었어. 그 사람 보고 변호사 사서 이걸 하자고 그랬어. 서류를 다 떼다가 서초동을 가서 1년을 재판을 했어. 나도 정신이 하나도 없어 깜박깜박하고 자꾸 잊어버리지. 어떤 술 먹은 사람이 하나 왔는데, '저 사람이 나 때릴까 봐 나 무서워. 데리고 오지 말어' 내가 맨날 그랬어. 그래도 재판해서 이겼어. 근데 그거 봐 준 놈도 사기꾼이야, 보니까. 사무장이 오라고 해서 갔더니 변호사비 600만 원 떼고 돈을 신문지에 꽁꽁 싸서 천만 원을 줘. 1,600만 원이 나왔나 봐. 주면서 "이거 가지고 가서 장사도 하지 말고 누구 주지도 말고 은행에다 꼭 갖다 놓고 있어. 여기 버스도 타지 말고 택시 타고 가."라고 신신당부를 해. 그런다고 해놓고 겨울 잠바를 입었으니 돈뭉치를 배에다 넣고 전철을 탔어. 청량리에 와서 내렸는데 이 아저씨가 "송, 돈을 반반씩 나눠야 되잖어?" 이야, 사기꾼이더라니까 글쎄.

  "나 이거 집에 갖다 두고 낼 다방으로 갈 테니 그런 줄 알고 있어" 하고 사무장 말 듣고 돈을 은행에 갖다 넣고 50만 원을 가지고 이튿날 음식점으로 갔어. 우리 아는 애한테 "민식이라는 사람 돈 갖다 주러 가야 하는데 너랑 같이 가. 나 머리 때리면 나 죽잖아. 그러니 니가 따라가" 하고 같이 갔어. 식당에서 갈비를 시켜 놓고 술을 또 시키래, 이놈이. 지가 도와줘도 시원치 않은데. 술을 한 병 처먹고 게걸게걸해. 50만 원을 주니 그냥 팽개치는 거여. 왜 이걸 주냐고 반씩 나눠야지. 그놈이 바깥에 나와서 벽을 뻥뻥 차고 나무를 뻥뻥 차고 올라갔다 내려갔다, 고기랑 술이랑 처먹고 그 지랄이여. 큰일났다 저 아저씨가 나 때리면 죽는데 어떡하냐, 안되겠다 싶어서 이 놈이 저리 내려간 사이 택시를 잡아타고 얼른 도망가 버렸지. 돈도 도로 가져 왔지. 그 놈은 못 받고.

  이튿날 농협으로 세금을 내러 갔는데, 시커먼 안경 쓴 놈들 세 놈이 자가용을 타고 와서 내리면서 "송!" 하고 불러, 깜짝 놀랐어. 얼마나 놀래. 남자가 없으니 누가 봐줄 사람이 없잖아. 그 소리를 또 해, 그런데 사는 동네니까 큰소리를 막 쳤지. "가만가만 얘기해, 사람들이 들어, 왜 큰소리를 쳐" "못해" 하고 또 그냥 갔어. 그랬더니 한참 있다가 또 왔어. 태릉시장 짓기 전이여, 밀가루를 사러 갔지. "송, 어디가?" 밀가루를 요만한 거 하나 사 주더라고, 그래서 집으로 갖고 왔어. 아이구 큰일났다. 저거 맨날 쫓아와서 저 지랄인데 무서워서 어떻게 사나? 누가 있어야지 말을 하지 남자가 있어야지. 한 이틀인가 있으니 설거지하는데 바깥에 시커먼 게 우뚝 서 있어. 근데 그놈이 아니고 서 경장이었어. 경찰서서 경장을 내가 잘 알거든. 경찰 아는 걸 생각을 못 하고. 방에 들어와 술 한잔을 먹고 하는데 요놈이 마침 전화가 왔어. "송 그 돈을 반씩 나눠야 하잖아?" 또 그래. 서 경장이 그 사람이면 바꿔달라 그래서 얼른 바꿔줬지. "당신 송 여사한테 돈 얼마나 먹었어? 10원이라도 돈을 먹었음 오늘 당장 체포할 거요." 이 새끼가 기가 팍 죽어서 찍소리도 못하고 전화를 끊어 버렸어. 돈도 못 받고 오늘날까지 여태껏 전화가 안 와. 경찰들을 내가 많이 알았는데 머리를 다쳤으니 그 생각이 안 나지. 생각을 못 해서. 그래서 마침 서 경장이 우리집에 와서 그 문제 해결했다니까.

"혼자 살아도 바빠"

가방에 그림도 그리지. 어제 구청에서 가져왔더라고 동사무소에서. 엊저녁에 앉아서 내가 색칠 다 했어. 노원구청 사람들이 저런 거 잘 갖다 줘. 노원구청 사람들을 내가 잘 알아, 그리라고 물감도 갖다 주고. 전에는 한참 그렸는데 요새는 안 그려, 난 같은 것도 그려 논 게 멋있는 게 많이 있는데, 이사하면서 어디다 뒀나? 처박아 뒀어.

그는 요즘 복지관에서 그림을 배우고 있다

아침에 밥을 많이 해서 저렇게 퍼 났다가 전자레인지에 한 개씩 데워서 먹어. 맨날 뭐 밥 할 일 있어? 식사는 나가서 친구들하고 많이 먹어. 친구들이 이 동네엔 없어. 죄다 묵동, 신내동, 공릉동, 방학동에 있어. 아까도 친구들이 신내동서 오라고 했는데 갑자기 어딜 가게 됐다고 오지 말라고 전화 왔잖어. 어떤 때는 다섯 여섯 일곱이 만나서 놀지, 고스톱 치고. 돈 따먹는 게 아니야. 집집마다 가면 오십 원짜리, 백 원 짜리 잔뜩 한 통 있어. 그거 가지고 놀다가 시간 보내고 다시 주고 가고, 그 집에 가면 그 집에 있는 걸로 또 가지고 놀고, 시간 금세 가. 그렇게 하고 놀아. 우리는 코로나에 걸렸을 적 에도 집에서 꼼짝도 안 하고 가만히 앉았으니까 몰라. 집에 서만 있지 통 돌아다니질 않으니까.

맨날 집에서 저런 물고기도 저렇게 갖다 키우고, 물 갈아 주고, 강아지랑 놀고 그러지. 우리 먼저 강아지 보미가 죽었 어. 그래서 복실이를 공주에 가서 어린 걸 데리고 와서 길 렀어. 얘는 죽으면 이제 큰일났어. 야도 나이가 많아서 죽으 면, 어떻게 살까 몰라. 혼자 못 살지. 집에 들어와 멍하니 혼 자 앉아 있어야 되는데, 근데 또 기르려니 내가 나이가 많아 서 내가 먼저 죽으면 갸가 안 되잖아. 그래 못 기르게 생겼 고, 야가 있으면 안 심심해. 둘이 얘기하고, 가족이지 우리 복실이. 복지관에 가면 복실이 잘 있어요? 잘 있냐고 물어보 고, 그림을 그리면 우리 복실이 안 그리는 데가 없어. 복실이 가 꼭 들어 가야 돼. 여기 앉아서 "아이구 아이구 허리 아파 못 일어나, 하면 복실이가 어디가 아픈가 하고 날 쳐다봐, 그리고 손을 이렇게 내밀어. 제 손 붙잡고 일어나라고." "아이고 잘 일어났다" 하면 얼른 저리 가. 쟤가 있으니 살지, 쟤가 없으면 혼자 더 못 살아. 어디 가서도 오래 놀 수가 없어. 강아지가 집에 혼자 있어서 마음대로 가서 있을 수가 있나. 내가 허리가 아파서 살살 다니지. 쟤가 나 맞춰서 간다니까, 뛰자 뛰자 그러면 쟤가 뛰어. 신내복지관, 옹기테마공원 가서 노상 옹기 만들고 그래. 어제 보석함 만들고, 당구 치고, 넓으니까 난타팀도 있고 노래하는 팀도 있고 사람 많아. 오늘은 여기(중랑노인복지관) 면목동, 점심 먹으러 가야지. 시에서 하는 거라 맛있게 잘해. 우리는 꽃도 많이 기르지, 붕어도 많이 기르고, 강아지도. 없는 거 없이 다 기르잖아. 바뻐, 집에 있어도. 자 밥 줘야지, 야 밥 줘야지, 나 밥 먹어야지, 야들 물 줘야지, 바뻐. 새끼들 엄청 낳아. 한 몇백 마리 있어. 낳아 놓고 잡아먹어, 그놈들이. 다 저 나무 밑으로 숨어. 숨어 있어서 물 갈 때 먼저 얼른 건져야 돼. 쏟으면 새끼들이 꼬물꼬물, 그런 재미로 시간 보내고 사는 거야. 친구들이 우리집으로 오면 감자나 한솥 쪄 줘야지.

　지난 1월에 우리 복실이 병원에 갔다 오는데 노인 전동차를 인도로 끌고 가는데 어떤 여자가 차로 들이받아 버렸어. 저기가 뚝 떨어졌어. 머리를 다쳐서 피가 나나 하고 보니까 피는 안 나는데 이 여자가 나오질 않더라구. 간신히 일어나 있는데 나오더니 먼저 전동차를 일으키려고 하는데 무거워서 혼자 못 일으키지. 전동차를 구청에서 새로 해 줬거든. 둘이서 전동차를 일으키고, 나는 오고 저는 가버렸어. 전화 번호도 안 가르쳐 줬지. 차 번호도 모르지. 나는 할 줄도 모르고, 정신이 나갔지, 머리 다친 사람이. 그래, 그냥 와버렸어. 이튿날 개병원에 또 오라고 해서 갔지. "나 어제 교통사고 났어. 저기 차 고치는 데 거기서" 하니까 원장이 가운을 입고 부지런히 뛰어오더라고. "큰일났다. CCTV가 없다" 그러면서 경찰서로 전화를 하더라고. 진단서를 떼서 경찰서로 빨리 보내라고 그래. 6주 진단이 나왔어. 허리에 금이 갔어. 지금까지 몇 달을 보호대를 사뭇 하고 다녀야 해. 허리가 아파서 어디 걸어가지를 못해. 경찰서 갔더니 "치료나 잘 받으세요" 그래. 이년이 벌써 보험회사에 넘겼더라고. "뺑소니지 그게, 뺑소니" 누구 아는 사람이 있었으면 바로 신고를 했어야 하는데, 모르고 하루를 자고 그냥 놔둬서. 한 달 동안 병원에 있었어. 병원 있는 동안 복실이가 집에 혼자 있잖아, 강아지가. 그래 우리 친구를 데려다 놨더니 집이 개판 오분전이야. 멋대로 전화를 쓰고 해서 요금이 5만 원 막 나오고 그래. 더 있으려고 해도 못 있고 한 달 있다가 간다고 나왔어. 지금도 합의 안 봤어. 어제 진단서 떼서 보험회사 보냈는데 어떻게 되려나 몰라. 누가 봐주는 사람이 없으니까. 옆에 사람들이 봐주려고들 하지, 난 모르니까. 나이가 많아서 얼마나 주겠어? 내가 일을 하는 것도 아니고, 내가 그렇게 하구 지금 산다우.

혼자 살면 힘들어, 누가 고쳐줄 사람도 없고, 이 백미러가 다 떨어져서 돌아가, 이렇게 해도 돌아가고, 또 해도 돌아가고, 두 개가 다 이렇게 생겼어, 고칠 사람이 있어야지, "이거 왜 고장이 나서 백미러 보이지도 않고 이거 어떡해?" 저기 ○○메디칼 갔더니 레지(나사)가 빠져서 그래, 풀어져서 그래, 그건 해 주더라고. 전동차 고쳐야 돼. 처음에 딱 하면 걸려서 가야 하는데 안 가고 있어. 안 가. 어떤 땐 팍 나가. 잘못해서 섰다가 차 있는 데로 팍 나가 버리면 큰일이잖아. 동사무소에서 ○○메디칼 가서 고치라고 해서 갔더니 거기선 산 데 가서 고치라고 하잖아. 동사무소 쫓아갈라고. 장애인 복지관, 원광에서 전화가 와. 전동차 고장 나면 고치러 오라고. 전화 먼저 해보고 어떻게 하야지.

"걱정하지 말고 잘만 살아요"

사고 난 뒤에는 어떻게 살길이 없어. 그때가 쉰두 살일 때야. 서 경장이 구청엘 가재. 이 사람이 좀 도와주라고 그러니까, 아무것도 없이 돈도 없지, 돈 70만원, 보증금밖에 없지, 가족도 없지 아무도 없잖아. 그러니 도와주라고 그러니까, "우리는 돈으로는 못 도와드리고 영세민밖에 도와드릴 게 없네요" 해. 난 그때 영세민이 뭔지 몰랐지. 모르니까 안 했어 그냥. 그랬더니 병원에 있는데 서 경장이 또 왔어. 동사무소로 가자고 그래. "이 사람 빨리 영세민, 그거 빨리 카드 해

주라고." 금세 그 자리에서 해주더라고. 그래서 그때부터 영세민을 한 거여. 살길이 없으니까. 내가 혼자 병원에 나와서 살길이 없잖아. 먹을 게 없고, 돈도 없고 어떻게 살아, 혼자. 정신은 하나도 없지. 지금도 냄새를 못 맡아, 머리를 다쳐 갖고. 지금 몰라 눈도 이렇게 위로 하면 어지러워, 머리를 다쳐서. 병신 돼 가지고, 혼자 그렇게 사는 거여, 이제까지.

살길이 없으니 돈 7만 원씩 나왔지. 그거 가지고 조금조금 올라서 이렇게 살게 돼서. 지금도 월세여, 돈을 못 모으니까. 500에 30만 원이여. 늙어서 이제 죽을 때 됐으니 죽으면 누가 빼가거나 말거나 몰라, 알 수 없지. 어떻게 알아. 고생도 많이 했어, 일하러 다니면서 맨날 얻어맞아 가며 밤중에 오고, 명절 때 되면 야근을 꼭 하고, 그래서 아주 지겨워, '어떻게 해야 이 일을 안 하고 사나?' 했어, 지겨우니까. 날마다 눈만 뜨면 미싱일을 해야 되니까. 지금은 편안한 거지. 나이 먹어서 편안함 뭐해 죽을 때 됐는데, 진짜 팔십여섯인데 죽을 때 됐어, 이제.

어제그저께 세상에 전화를 아침 10시부터 저녁 8시까지 켜놨어, 모르고. 아무리 전화해도 안 받더래. 이 사람이 하고, 저 사람이 하고, 하루 종일 안 받더랴. 어떻게 해야 되나? 거기를 쫓아가야 하나? 누구한테 전화할 사람도 없고 아는 사람도 없고, 내가 죽은 줄 알고 수십 번 막 했대. 문자도 보내고. 돌아다니고 떠드느라 나는 못 들었어. 전화를 안 받으면 내가 죽은 줄 알고 사방에서 전화들을 해. 내가 나이가 많아서 그래. 그래서 전화는 꼭 받아야 돼. 문 잠그고 자다가 죽어도 모르잖아? 지금 자다 죽은 사람이 많으니까. 몇 달 전에는 강아지 데리고 운동을 나갔어. 모르고 전화를 안 가지고 왔거든, 전화를 안 받으니까 집주인 여자가 옆에 아저씨랑 문을 따고 들어오니 아무도 없더랴. 미쳤어, 이게 안에서만 울리더래. 나는 저기서 해장국 먹고 앉았는데, 죽었는줄 알았대. 사람 소리는 없고, 전화 소리만 나서. 그렇다고 그걸 따고 들어오는 사람이 어디가 있어? 전화번호를 알려줄 사람이 없어. 저기 새로 온 아저씨가 같이 복지관도 가라고 소개해 주고 둘이 같이 잘 댕겨. 그 아저씨가 칠십둘인가 돼. 집이 가까우니 여길 올 수가 있잖아? 그래 그 아저씨 전화번호를 알려 줬어. 연락 안 되면 그 아저씨한테 전화하라고 친구들이.

어딜 갈래면 전동차 타야 가. 걸어가면 이게 심장이 멈추려고 그래. 숨찬 게 아니라 통증이 와. 저걸 타면 괜찮고, 어디 못 가 통증이 와서 가다 서고, 조금 가다 서고, 못 걸어. 통증이 와서 죽어. 가다가 죽을 수도 있으니까, 사람들이 골목으로 다니지 말고 큰길로 가라 그래. 큰길로 가다 쓰러지면 누가 119라도 얼른 부르잖아. 골목으로 가면 사람들이 안 다니니까 못 보잖아, 그러니 큰길로 다니라고, 저거 타면 통증이 안 와, 괜찮아. ○○내과가 저 중화사거리에 있어, 2층은 정형외과, 3층은 ○○내과, 아래층은 약국, 거기서 다 해결해, 복실이 개병원은 건너편에 있고, 가까워, 전동차 타고 가면, 알아서 척척 다해줘.

동사무소 직원한테 "나 죽으면 이거 다 어떡해?" "아이 걱정하지 마세요. 우리가 다 해결하니까 걱정하지 말고 잘만 살아요" 해. 그래서 걱정은 안 해. 동사무소 직원들이 자식같이 잘하는데 뭐, 잘하잖아, 쌀도 갖다 줘, 돈도 나와서 먹고 살게 줘. 모자라면 모자라는 대로 그냥 써야지. 나라에 빚도 잔뜩 져서 저렇게 생겼는데 우리 주는 것만 해도 고맙지. 젊은 사람도 힘든데. 다리 수술도 해줬잖아. 10년 넘었어. 양쪽 무릎을 다 수술했지. 돈이 많이 드는 줄 알고 버티다가 나라에서 해 주는 것도 모르고, 걷지도 못하고 화장실도 못 갔어. 나중에는 빚을 얻어서라도 가야지 하고 청량리로 수술을 하러 갔어. 입원할 때 30만 원 내고, 한 달 있다 나오는데 돈 하나 달라고 안 하대. 그래서 그냥 하는 건 줄 알아. 돈 많이 드는 줄 알고 얼마나 고생을 하고… 내가 멍청하다니까 그렇게. 지금은 고생하는 거 아니야, 이거는 호강이지, 돈도 나라에서 주지. 근데 집세 주고 나면 쓸 것도 없어. 그래도 그거 갖고 전기세 주고 가스비 내고, 그런 거 내고 이제 먹고 살고. 돈이나 더 있음 살을까? 돈이 떨어지면 사람이 힘이 하나도 없어. 동사무소에서 저런 카드(문화누리카드)도 뭐 사라고 줬잖아. 문방구 가서 책 같은 거 연필, 그거밖에 못 사. 노인네들은 먹고 싶은 거 사 먹으라고 차라리 온누리상품권 주는 게 나아. 그러면 가서 짜장면이라도 사 먹고 하지. 나가서 운동을 해야 하는데, 지금은 못 하지. 끌고 다니는 거(보행

보조기) 그걸 줘야 되는데, 그러면 천천히 끌고 다니고, 시장도 가고 운동도 하고 그렇지. 그런 걸 주면 좋겠어.

"태어난 곳도 지금은 타향이야."

여기서 만나는 사람은 없어. 친척이라는 건 없어. 하도 오래 살아서 이제 다 알고 먼저 살던 옥탑 아저씨가 무슨 일 있으면 전화하라고. 비 오고물 들어 오면 꼭 전화하라고 하고, 뛰어오더라고. 명절에 떡을 사 갖고 와 설에. 추석에는 송편 사오고 아들처럼 그렇게 사다 주고, 그렇게 잘해. 나도 또 잘하니까. 주변에서 이렇게 사다 주는 사람이 많아. 그래서 사는 거야. 한집에 살던 사람이 그렇게 잘들 해. 얼마 전에는 복숭아하고 하드 사 왔더라고 그 아저씨가.

지금 여기서 늙어서 이제 여기서 죽는 수밖에 없어. 우리 동생이 대전 살아. 원래 대전이 고향이거든. 우리 동생 이제 우리 동생도 70이 넘었어. 지금 칠십일곱인가? 몇 살인가 모르겠다. 나도 몰라, 동생 나이도 몰라. 그랬는데 왜 이리 오지 거기서 사냐고 해. 내가 이제 거기 가서 뭐 하냐. 옛날에 고향이었지만 지금은 난 타향이야 거기 가. 다 모르는 사람들이지. 그래 갖고 내가 "거기 가서 뭐 하냐 이제 죽을 때 됐는데 거기 가서 뭐 하냐?" "내가 있잖아" "너 있으면 너하고 뭐 해?" "내가 도와줄게" 그러는데, 그냥 필요 없어. 나 거기 대전 안 가. 여기서 이제 죽지. 안 가. 그래 여기서 죽지. 여기

아는 사람 많은데 거기 가서 새로 사귀고 못 살잖아 이제. 요
즘 전화도 안 해, 죽었나 살았나 몰라. 누가 연락을 해 줘야
지. 동생도 혼자 살아.

송순례 님을 만나고

박을남 · 이정

송순례 님의 첫 인터뷰는 약속한 날보다 이틀 미뤄져 이루어졌다. 장맛비가 세차게 오는 날, 대문까지 우리를 맞으러 나온 그와 반려견 복실이를 따라 현관 입구 한쪽으로 나란히 줄 선 화분을 지나 그의 반지하 방에 들어섰다. 무덥고 습한 여름날, 우리를 만나기 전부터 에어컨을 틀어놓으셨는지 방은 무척 시원했다. 그는 복지관을 방문하는 요일은 아니었지만, 복지관의 특별 프로그램이 있는 날이라 인터뷰 약속을 잊었다고 했다. 코로나를 겪으며 외롭고 조금은 무료한 일상 탓에 그녀의 삶에 중요한 부분을 차지하는 복지관 활동이 더 필요했다고 생각했기 때문일 것이다.

송순례 님은 평탄하지 않았던 결혼생활과 이혼으로 혼자 사는 여성이다. 아버지와의 추억은 없었고, 가정폭력과 의처증 등의 이유로 이혼을 하면서 여성인 자신을 지켜줄 수 있는 남편도 없었다. 이혼 후 다른 이성과의 관계에 대한 언급은 없지만, 관공서 등에서 일을 처리할 때는 주변의 남성으로부터 도움을 받았다. 인터뷰에서도 어떤 문제가 생겼을 때 그 문제를 해결해 줄 수 있는 남성이라는 존재의 부재에 대한 아쉬움을 여러 번 토로했다. 그러나 현재 그의 생활에 남성의 부재는 크게 문제가 되지 않는다.

비록 어머니와 전남편에 의해 좌절되었지만, 어린 시절의 그는 가난하고 고된 삶과는 다른 삶을 꿈꾸었던 것으로 보인다. 어릴 때부터 시작해서 마흔이 넘도록 지속한 봉제일은 농사가 주된 일거리였던 시대에 다른 여성들과는 전혀 다른 형태의 노동이었고, 연애가 보편적이지 않던 시절 연애결혼도 했다. 이혼의 과정을 상세하게 구술하는 것으로 보아서는 이혼에 대한 낙인도 없는 듯하다. 상처가 많다는 것은 상처만큼의 힘이 있음을 의미하기도 한다. 어찌 보면 그 시절 누구나 겪던 그저 흔해 빠진 가난하고 고단한 여성노동자였던 삶 속에서 스스로 살아갈 힘을 만들어 낸 것은 아닐까? 활발하고 솜씨 좋은 소녀는 어려운 형편이라서, 여자라는 시대적 불평등 속에서 학교 대신 봉제공장에 가서 일하고 가족을 부양해야 했다. 결혼 후에도 계속된 힘든 봉제일과 의처증 남편의 폭력에 저항하지 못했다. "시골 살던 어린 여자라서 뭘 알아, 때리면 맞아야지. 일해서 봉투째 남편 갖다 줘야 하는 줄 알았지. 그땐 왜 그랬나 몰라, 지금 같으면 어림도 없을 텐데"라는 그녀의 말이 마음 아프게 들리지 않는 것도 같은 이유일 것이다.

그녀는 오랜 시간 1인 가구로 살면서 노화로 인한 건강상의 문제로 고독사에 대한 두려움을 갖고 있다. 그런 그가 정성스레 화분을 관리하고, 열대어를 키우고, 복지관 프로그램에 열심히 참여하면서 친구와 고스톱을 즐기는 등 자기의 남은 삶에서 적극적으로 즐거움을 찾고 있다.

세 차례의 인터뷰에서 그녀는 이혼, 교통사고, 현재 일상, 이 세 가지 큰 에피소드만 반복적으로 구술했다. 그 외의 사건은 회피하거나 단답형으로 말했다. 인터뷰 중 "여기 동네 사람들하고도 속 깊은 얘기는 잘 하지 않아"라는 언급으로 본다면 단 3회의 인터뷰로 속 깊은 이야기를 다 들을 수 없음을 인정할 수밖에 없다. 주기적인 만남으로 함께하는 시간을 늘린다면 조금은 더 깊은 이야기를 나눌 수도 있을 것이다. 한편으로는 이사 과정에서 살림이 없어졌다는 이야기처럼 맥락에서 벗어나거나 반복적인 구술의 원인이 예전 교통사고의 후유증이나 노화로 인한 알츠하이머일 가능성도 있지 않을까. 그러나 노인 전동차의 백미러 수리조차도 몇 번의 불편함을 이기고 스스로 해결할 수 있는 그에게 개인적으로 병원을 방문해 검사를 받으라고 강요할 수는 없다.

현재 그녀는 노화로 인한 건강상의 문제 등으로 죽음을 걱정하고 있지만, 이것에 대한 준비는 거의 없는 상태이다. 누군가 가족이 있으면 하는 간절한 바람이 있어 보이지만, 그게 생사를 알 수 없는 딸은 아니라고 한다. 수입은 전혀 없고 수급비만으로 빠듯하고 부족한 생활이지만, 불편할 뿐이지 현재의 지원에 대해서는 "나라에서 돈도 주고 좋아"라는 말로 알 수 있듯 대부분 만족한다.

사회 구조적인 문제에서 시작한 돌봄의 문제는 다시 개인의 소외와 가난과 연결되어 악순환을 반복한다. 지역 돌봄은 지역 특수성에 맞는 공동체를 형성해 가는 것이 중요하다. 돌봄은 더 이상 개인 차원의 문제가 아니라 사회의 문제라는 인식을 갖고, 공적 영역에서 다루어져야 할 것이다. 더불어 이번 작업은 목적성을 가진 만남이었지만, 지역 돌봄이 확대되어 (기록으로 남기지는 못해도) 그녀와 속 깊은 이야기를 나눌 기회가 생기길 바란다.

이서종 님 구술

죽든지 살든지 움직여야 하지

대담 및 기록

박성희 · 이희랑

이서종 님(가명)

2022년 현재, 만68세.

1954년, 전북 김제에서 7남매의 장남으로 태어났다. 일찍 상경한 누나를 대신해 어린 동생들을 돌봤다. 20대 중반에 동료의 권유로 송전탑을 짓는 철탑일에 발을 들였다. 오십이 넘어 건설일을 시작했지만 희귀병에 걸렸다. 그러나 등산과 걷기 운동을 하며 병을 이겨내고 지금은 산에서 만난 여자친구와 행복하게 지내고 있다.

"깡 체질이라 자부했는데…"

진짜 나는 깡 체질이에요. 보는 사람마다 너무나 체질이 강하다, 조금씩 아파야 되는데, 그러면 쉬어주면 되는 건데. 아프지를 않으니까 부러질 수 있다고 몇 번 그러더라고요. 그날도 사실은 제가 가평 축령산에 갔다가 청평 와 갖고 소주를 10병하고 맥주 한 박스를 먹었어. 여자 셋, 나 혼자. 그때 차를 그냥 빠킹시켜 놓고 전철 타고 집에 와 가지고 아침에 일어날라니까 못 일어나겠더라고. 동네 병원에 왔다갔다 몇 번, 링겔 몇 개 맞아도 안 들으니까 대학병원 한번 가봐라, 그래서 갔더니마는. 그때 이제 A대학교 병원에서 바로 검사하더니 암이다, 혈액검사 보고. 혈액암이다, 백혈병이라고 바로 집어넣더라고요. 문 딱 걸어 잠가 버리고. 이게 청춘 날벼락이죠.

A대학교 병원에서는 거의 한 20일? 바로 그날 해 갖고 20일 입원했는데 아무 조치를 안 해주는 거예요. 그래서 왜 의사도 안 보여 주냐, 와서 뭐 가타부타 얘기를 해야 할 거 아니냐 그랬더니, 뭐 온다고 온다고 안 해주고. 그래서 내가 이건 아니다 하고 이제 퇴원 수속을 밟았죠. 그랬더니 못 가게 하더라고요. 가면 바로 죽는다고 위험하다고. 그래서 이제 거기서 각서를 써주고 나가라고 해서 각서 써주고. 집에 가서 응급상황이 발생되면 응급실로 가봐라, 그런 얘기만 듣고

왔죠.

근데 나는 그때 얼마 못 산다고 그래 갖고 잘못된 생각을 했죠. 집에서 유서 써놓고. 밥도 아무것도 못 먹고. 여기 목이 막 부어 갖고. 고통스러우니까. 입술은 터지고. 그거 해놓고 소주 세 병 놓고 못된 생각하려고 한 병을 먹었죠. 그럴 수밖에 없죠, 못 산다고 하니까. 한 병 먹고 나니까 이제 코피가 터졌는데, 코피가 물 같은 코피가 아니라 가래떡 같은 코피. 양쪽에 꽉 메어 갖고 그 가래떡같이 쭈욱 나오더라고요. 이게 뭔가 하고 뭐 막 튀어나갔죠. 못된 짓도 못 하고. 나갔더니만 마침 택시가 지나가길래 그 택시를 잡아타고 B대학교 병원 좀 가자 그랬더니, 이제 막 놀라 가지고 기사가 잘 모르겠다 그러더라고요. 그래서 내가 파출소나 보내달라고, 파출소 가서 거기서 코가 이렇게 쭉쭉 나오니까 빗물받이, 도로변 빗물받이다 하고 있으라 해서 있는데 이제 119가 와 갖고 살았어요. 그냥 그때 죽는 줄 알았죠. 코피가 그렇게 나와 갖고. 코피가 나오니까 막 어지럽고 쓰러질 것 같고. 그런데 그 코피가 기도로 넘어가는 거예요. 그냥 그 119 사람이 딱 집어넣고 꽉 끄집어 내더구만.

그래 갖고 B대학교 병원 갔더니만 골수 검사를 하더니만 암은 또 아니라고 하더라고요. 암이 아니니까 좋긴 좋은데 병명이 안 나오니까 이거 병원비가 또 비싸게 나오는 거예요. 그게 그렇게 되더라고요? 증상은 좀 묘하게 아프고 목, 목이 항상 부어 있고, 인후가. 그리고 온몸이 막 하여튼간에 못 견딜 정도로 아파요. 그래 갖고 잠을 못 자고 뒤척거리고. 백혈구 적혈구 혈소판이 다 0으로 떨어졌어요. 그렇기 때문에 감기나 세균만 들어가도 그냥 바로 죽는다고 해요. 지금 말하면 코로나 비슷하게 격리돼 있는데, 간호사 얼굴도 못 봤고 의사 얼굴도 못 봤죠. 항상 가운 입고 뭐 다 완전히 무장을 하고 오니까. 근데 그게 감옥살이보다 더 힘들죠. 돈도 많이 까먹었죠. 입원비도 많이 나오고, 이제 독방을 쓰다 보니까. 내가 어디 나가지를 못하고 장비가 들어와요, 내 방으로. 아픈데 돈은 걱정이 안 되는데 빨리 살든지 죽든지 양단간에 빨리빨리 했으면 쓰겠는데 그거하고 결판이 안 나니까, 그거하고 싸울래니까 죽겠드라니까요. 죽느냐 사느냐.

"그 꿈을 꾸고 수치가 올라가는 거야"

퇴원을 한 것은 내가 그거 참 희한한 꿈을 꿨는데 그 격리실에서. 그때 꿈을 꿨는데 저승사자가 왔더라고. 나 그런 건 처음 봤는데. 저승사자가 영화나 드라마 보면 삿갓 쓴 사람이 많이 나오는데, 나는 머리에 뿔 달린 사람이 왔더라고요. 졸졸 따라갔더니 사람들이 쫙 서 있는데, 밤에 딱 보니까 한 사람씩 막 날아가는 거예요. 내 차례가 왔는데 난 그런 거 처음 봐요. 내 차례가 왔는데 먼동이 약간 트면서 진눈깨비가 내리더라고요. 근데 이제 저승사자가 내 손을 딱 끊더만 잠깐 서 있으라고 해서 잠깐 서 있었더니 그냥 집으로 가라고 하더라고요.

그 꿈을 꾸고 나서는, 그때부터 이제 수치가 조금씩 올라가는 거야. 그래서 참 희한하다. 내가 아무것도 안 믿고 살았는데, 뭐가 있긴 있는가? 그 생각했죠. 처음에는 900에서 1천 정도가 되니까, 그게 4천에서 4500이 정상인데, 900에서 1천 되니까 일반실로 옮기자고 그러더라고요. 일반 병실이 없으니까 암 환자실로 보내주더라고요. 그러고는 이제 거기서 지내다가 일반실로 좀 옮겨 갔고. 이제 퇴원하게 된다고 하더라고. 그래서 퇴원을 하고 집에 와서 보니까 내 몰골이 몰골이 아닌 거죠.

통원 치료라고 해야, 가면 이제 뭐 혈압 재고 70만 되면, 70만 되면 빨리 응급실로 와라 그 소리만 해줘요. 36.5도가 정상인데 37도만 되면 빨리 와라. 약도 없고 주사도 안 놔주고. 그게 원래 병이 그렇더라고요. 밥을 못 먹으면 입원했을 때는 주사기 이것저것 막 꽂고 있었는데, 통원 치료라는데 뭐, 약도 없고 그러니까.

그래서 음식도 집에서 이제 먹는데 매운 걸 못 먹고. 거의 한 1년간 배탈이 났죠. 배탈을 잡을 수가 없어요. 1년간 배탈을 잡으려고 그렇게 노력하고 여기 뭐 내과 다 돌아다니고 B대학교 병원 가도 아무 이상이 없다고 하니까. 이게 배탈이 나니까 막 미치겠는 거였지. 그래서 계속 죽을 쒀 먹었죠. 그리고 이제 마하고 양배추, 도마도(토마토) 같은 거 이제 갈아서 좀 먹고. 그러다가 그것을 하다가 설사가 안 멎었는데 운동을 한번 해봤어요.

"100미터도 못 걸었는데 이제 50킬로는 거뜬해"

나는 이제 또 걸음도 못 걷고 주저앉지 않나 그래서 운동을 시작했죠. 죽든지 살든지 움직여야 하지 않는가, 그 생각이 들더라고요. 움직이다 죽는 게 낫겠지 하고. 햇볕 쬐려고 베란다에서 이제 한 5분 쪼그려 있다가 다시 들어오고. 뚝방길? 여그서 그 뚝방까지 갈라면은 1시간은 더 걸려요. 한 100미터 갔다가 이제 쪼그리고 앉았다가, 10미터 갔다가 쪼그리고 앉았다가 해요. 숨이 차고 그래 가지고. 그리고 못 먹으니까 또 무릎이 고장 나고 허리가 고장 나고. 계속 그렇게 한 100미터 가다 앉았다가, 10미터 가다 앉았다 가고 하던 것이 지금 이제 50킬로미터, 60킬로미터가 됐어요.

근데 그 당시에는 운동을 해도 처음에는 뭐 100미터도 못 걸었으니까. 왜 그러냐면 집에서 이제 못 먹으니까 참 무릎이 아프기 시작하더라고. 무릎이 너무 아파가지고 돌아눕지를 못해요. 정형외과 가니까 말하자면 윤활유 주사라고, 무릎에다 놔주더라고. 그거 맞고 걸었죠, 뭐. 계속 걸었어요. 그래도 낳어요, 배탈이. 근디 작년 가을서부터 술 먹어도 괜찮고 매운 거 먹어도 괜찮아요. 걷다 보니까 이렇게 됐는데, 아주 기적이에요. 지금 제가 70킬로그램 나가는데, 아프기 전에는 105킬로그램까지 나갔어요. 지금은 이제 큰 병원에

선 오지 말라 그러고. 수치도 정상이고. 혈압, 간, 뭐 오장육부가 다 정상이에요. 지금 제 신체 나이는 53세로 나오더라고. 지금은 뭐 고추도 잘 먹고 술도 한 잔씩 먹고 그래요. 혈압은 완전히 정상이고. 117에 65~70, 당도 없고.

지금은 덤으로 살아서 고맙고 감사하게 지내고 있죠. 하루도 빠짐없이 등산하고. 누구든지 아프다고 집에 누워 있지 말고 움직거려야 산다고 그래요. 움직거려야 돼. 뼈가 부러져도 움직거려야지 가만히 있으면 안 돼. 지금은 튼튼해요. (바지를 걷어 종아리를 보여주며) 여기 볼래요? 산에도 이제 산악인들 웬만한 사람, 젊은 사람 못 따라와요. 자전차도 이제 여기 이삿짐센터 아는 분이 주더라고, 타고 다니라고. 우리가 이 발톱이 상한 데가 없어요, 저는. 하도 걸어 싸니까. 지금 그런 다음에 이런 데 다 물집이 터져 갖고 난리였었지. 그래도 다녔죠.

인터뷰 당일 오후 1시밖에 안 되었는데도 그는 이미 4만 9천 보 이상을 걸은 상태였다

"전화번호를 달라고 하니 선뜻 주더라고요"

불암산을 내가 전에 한두 번인가 올라갔었어요. 건강할 적에 중화동에 술친구가 하나 있어서 그 친구랑 두 번 갔는데, 두 번 갈 때마다 발이 삐어갖고 안 갔어요. 수락산, 도봉산, 북한산 그쪽으로만 갔어. 불암산은 안 갔는데, 그날따라 불암산을 가려고 전철을 탔어요. 근데 내가 장갑을 안 갖고 온 것 같아요. 그래서 쌀쌀해 갖고 장갑 가질러 갔다 와야지 하고는 공릉에서 내렸어요. 그래 갖고 이제 내려 갖고 가방을 한 번 뒤져봤더니 장갑이 나오는 거예요. 공릉에서 불암산 가는 길이 있나 하고 물어봤더니 있다고 하더라고. 그래 갖고 원자력병원 앞에 내려서 백사마을로 해갖고 쭈욱. 아주 좋아요. 나도 처음 올라갔는데 너무나 좋았어요. 그분과 인연이 되려고 그랬는지.

불암산에 올라가는데 나 뒤에 오시는 분이 사진을 한 방 찍어준다고 찍더라고요. 그래서 나도 이제 사진을 한 방 찍어주려고 하는데 그분이 없어진 거예요. 다른 사람이 사진 찍어달라고 그래서 찍어주는 바람에. 그래서 그냥 정상 난간에 가만히 서 있었더니 그분이, 두 분이 오셔 갖고 말을 걸더라고요. 한 분이 전화번호를 딱 주고 가더라고. 그런데 수락산 도정봉쯤 가니까 자꾸만 여자 한 분이 눈에 보이는 거예요, 이게. 전화번호를 나한테 준 사람은 생각이 안 나는데 그

친구분이 자꾸 생각이 나는 거예요. 집에 가서 후회하느니 일단 한번 해볼까 하고 전화를 했죠. 내려와서 전화했더니 무슨 칼국수 집에 있다고 그러더라고. 당고개 내려와서 칼국수 집을 찾아봐도 있어야지. 헤매다가 집으로 그냥 왔어요. 인연이 있으면 만날 것이다, 포기해야지. 내가 뭐 아파 갖고 이런…. 갔어요, 갔는데 목요일에 전화가 온 거예요, 그 전화번호 준 사람한테. 화요일이랑 목요일만 쉰대요. 손주들 돌봐주고, 수영장 다니고. "선생님, 도봉산 한번 갑시다" 해서 갔죠. 이제 그분이 올지 안 올지 알 수가 없더라고? 그래도 올 줄 알고 김밥 세 줄 사고(웃음). 그래서 그걸 들고 갔죠. 그랬더니 그분이 오셔 갖고. 그분 닉네임이 다람쥐래요. 산을 잘 탄다고. 실제로 보니까 산을 굉장히 잘 타. "다람쥐 님, 오셨어요?" "괜찮죠?", 그래서 "난 좋죠" 했더니 아닌 게 아니라 참 반갑게 맞아주더라고. 근데 그날은 이제 말이 안 나왔고. 우리가 21일에 만나고 26일에 만나서, 거기서 전화번호 준 사람이 잠깐, 그 사람은 이제 산을 잘 못 타요. 잠깐 뒤로 처졌을 적에 얼른 전화번호를 딱, 달라고 그랬더니 선뜻 주더라고요. 이제 성공했다!

그래 가지고 그 뒤로 아주 재밌게 지내고 있죠. 산을 좋아하니까 이제 산을 자주 타요. 근데 그분이, 또 그분 자랑을 안 할 수가 없는데, 내가 존경하는 것이 있어요. 그분이 달리기를 보통 20~30킬로미터 뛰어요. 여자분도. 항상 새벽 5시에 뛰어, 지금도. 아침에 10킬로, 저녁에 10킬로, 낮에 더우면 5킬로미터. 그분은 이제 예순여섯. 그래도 지금도 달리기 하는 거 보면 종아리가 단단해. 쇠야, 쇠. 그 나이에 뛰면서 운동하는 사람 없어요.

그분이 나한테 힘을 많이 줬죠. 맞아요. 틀림없이 나 우울증, 우울증 왔을 거야. 혼자 있다 보면 내 모습이 이제 항상 창백하고. 살쪘다가 쭉 빠졌기 때문에 주름살만 바득바득하고. 내 모습에 좀 실망도 많이 했고. 그렇게 참 취미도 맞고 그래 갖고 좋게 지내요. 그분 덕택으로 내가 건강이 좀 빨리 회복됐다고 봐요. 저승사자가 나를 보낸 이유가 이분을 만나라고 보내지 않았는가 생각이 들고. 파트너 만난 뒤로는 그게 에너지예요. 딴 거 없어. 그게 에너지더라고. 이게 진짜 연애죠. 서로 믿고, 보면 즐겁고, 안 보면 보고 싶고, 수시로 통화하고.

"오죽 먹을 게 없었으면 보리가 익기도 전에 까먹었을까…"

내가 7남매의 장남이니까 할머니 등허리에서만 살았지. 할머니가 하도 업고 다녀서 코를 저고리에 닦아서 반들반들 빛난 것이 지금 생각이 나요. 여동생이 바로 밑에 하나, 남동생이 그 다음, 전부 쪼로록 여동생 셋, 위에 누님이 하나 있고. 누님은 인자 간호사 한다고 서울로 올라가 버리고. 엄마 아빠는 들에 나가 늦게 들어오고. 내가 이제 학교 다니면서 동생들 밥을 해서 많이 먹였지. 청소하고 마당 치우고 물 길어다가 항상 항아리에 채워놔야지, 애들 목욕시키고 머리 감기고 그래야지. 그리고 인자 방학 때는 애들 업고 젖 먹이러 당겨야지, 들녘으로. 지금이야 우유 분유 있지만 그때는 시골에 그런 게 있었나? 근데 애를 막 업고 가다 보면 논두렁에 자빠지기도 하고. 초등학교 2~3학년 때 애를 업고 다녔으니(웃음). 등허리에 오줌 싸면 뜨겁고. 항상 내가 수제비를 잘 끓여요. 그게 그때는 어쩔 수 없었어요. 6·25 전쟁 끝나고 10년쯤 지난 때라 힘들었고. 지금이야 뭐 저수지도 좋고 물 사정도 좋잖아요. 비만 늦게 오면 다 흉년 들고 보릿고개 오고. 오죽 먹을 게 없었으면 뭐 보리가 익기도 전에 갖다가 막 가마솥에 쪄 갖고 그걸 까먹었을까요. 지금 세대들은 그런 거 잘 몰라, 뭔 말을 하는지 몰라. 왜 그렇게 살았냐고 그러지.

"그 선생님만 아니었으면 괜찮았을 텐데…"

학교는 내가 안 다닐려고 막 그랬죠. 공부하기 싫은 것보다 내가 한번 충격을 받은 게 뭐냐면 어렸을 적 우리 때는 목욕을 자주 못 했죠. 겨울에 학교에서는 때 검사를 해요. 손톱 검사도 하고. 우리가 또 피부가 새까마니까 목욕을 안 한 줄 알고 그 선생님이 제대한 지 얼마 안 된 선생님인데 엄청 때렸어요, 학생들을. 숙제도 안 가지고 오면 투드려 패고. 보통 옛날 털이개 있죠, 털이개. 그걸로 막 한 30대씩 때려요. 지금은 학생들한테 그렇게 않지, 난리 나지. 그때는 무진장 때렸어요. 피가 터질 정도로. 근데 그걸 집에 가서 얘기를 못한 거야. 또 혼날까 봐. 그 뒤로 학교 가기가 싫어진 거지. 그래 가지고 계속 학교 가라면 그냥 중간에 있다가 학교 갔다 온 애들이랑 같이 집에 가고. 그러고 있다가 인자 졸업장 타야 된다고 해서 가서 졸업장은 탔지. 중학교 시도를 해봤는데 한번 그러니까 가기가 싫은 거야, 학교에.

그 선생님만 아니었으면 괜찮았을 텐데, 지금도 그 선생님이 조○○이라고 이름도 안 잊어버려. 나뿐만이 아니에요. 조○○이라면 유명했어요. 벌벌 떨었어. 빠께쓰(양동이)에다가 물 하나 떠 놓고 손을 거기다 넣고 쭉 펼치고 있으면 때려 막, 빠케쓰 물은 막… 고문이야 고문. 예전에는 많이 때렸어. 지금 같으면 형무소감이지. 안 그랬으면 공부를 해 가지고 뭐를 해 먹을란가 모르지 뭐(웃음). 그때 당시에는 아마 교장 선생님한테도 말이 들어갔을 텐데 때리는 걸 별로 신경안 썼어요. 어머니는 공부하라고 많이 했죠. 나는 근데 그 뒤로 하기 싫어 가지고. 공부하는 것보다 애들 보살피는 거에 내가 더 성취감을 느낀 거 같아요. 동생들 업고 다니면서 젖 멕이고 재우고 목욕시키고 밥 멕이고. 모 심을 적에는 그 조합땅[35]이라고 있어요. 빠지면 안 돼. 빠지면 집안 식구 누가 대리라도 나가야 돼. 지금 말하자면 북한식. 그전에 일하는

---

35) 같은 동리에 살고 있는 주민들이 공동경작을 하는 땅을 말한다.

방식이 힘들었어요. 그래도 다 힘든 시절이었으니까. 집에
서 뭐 농사 조금, 소농하다 보니까 항상 가난에 쪼달렸죠. 그
러다 보니까 이제 돈을 좀 벌어야겠다 튀어나와 가지고 서
울에 와서 이제 여자 만나고 결혼해서, 돈 좀 벌은 뒤엔 누나
결혼하는 데 내가 다 했지.

"사춘기 때 돌발로 집을 나왔지"

사춘기 지나서 그때는 이제 열일곱이었죠. 그때 사춘기 때
조금 돌발로 나왔지, 집을. 돈을 벌어야겠다고, 지금으로 말
하자면 도주지. 부모 몰래 나온 거니까. 인맥도 없고 그냥 상
경한 거죠.[36] 그런데 비가 많이 와서 한강 다리를 못 건넌다
그러면서 영등포에다가 떨어뜨려 줘. 그래서 영등포에서 버
스를 타고 용산까지 와. 용산까지 와서 또 버스 타고 그냥 미
아리로, 미아리 동소문동 거기서 그냥 무작정 내려서, 과일
가게 앞에 가서 "일 좀 할 수 없냐" 했는데 "자전거를 타냐"

---

36) 우리나라 농민의 이농은 조선시대 말기 수탈과 빈곤 때문에 고향을 등지고 만주
나 연해주로 이주하면서 시작되었다. 1960년대 중반 이후 경제개발계획의 실시로
경제구조가 수출지향형 공업화로 전환되면서 도시의 일자리가 대폭 증가됨에 따라
1960~70년대에는 집중적으로 이농현상이 일어났다. 1960년대 후반에는 주로 전
가족이 이동하였다. 먹고 사는 일이 힘들었던 영세 소농의 경우 가족이 굳이 농촌에
남아 있어야 할 이유가 없었기 때문이다. 반면 1970년대 이후에는 젊은 연령층을 중
심으로 이농이 크게 증가했다. 그러나 농촌을 떠나 도시로 온 사람들 모두가 안정적
인 취업의 기회를 얻는 것은 아니었다. 막노동이나 열악한 근로환경에서 일을 할 수
밖에 없는 사람들은 새로운 도시빈곤층을 형성하게 된다. 출처: 행정안전부 국가기
록원, "농촌에서 도시로, 다시 도시에서 농촌으로"

고 그러더라고요. 그래서 "저는 잘 못 한다"고 그랬더니 그 사장님이 자전차를 하나 금방 사 가지고 왔더라고요. 배워 갖고 하라고. 거기에서 이제 좀 일을 시작했죠. 과일 가게 아저씨인데 자기 가게가 아니라 아이스크림, 뭐 이제 말하자면 도매상인데 아이스크림 술 음료수 이렇게 잡화를 취급했어. 그거 배달하라고 이제 거기다 심어주더라고. 지금 같으면 열일곱 살이면 애들이지, 그때는 열일곱 열여덟은 어른이었어. 그래 거기서 한 1년 있었나? 그러고 안 맞아서 다시 시골로 가서 농사를 지었죠. 농사를 짓고 하다가 보니까 이제 돈을 벌어야겠다 해서 내가 그때부터 동네에서만 이제 막노동을 했어. 근데 이제 막노동이라는 것이 무슨 경지 정리하고 수로 작업하고 이런 거 하다가 자꾸 다시 서울로 올라와 가지고 서울에서 또 뭣 좀 하다가 다시 내려갔죠.

"돈 잘 버는 철탑 가자"

어느 날, 무슨 영화를 봤더니 어떤 처녀가 섬마을에서 고깃배를 타면서 돈을 잘 벌더라고요. 그래서 그거 보고, 사촌 누나와 사촌 매형이 그 섬사람이었거든요. 무작정 찾아갔죠. 그래 선유도에서 일을 하게 됐죠. 돈은 잘 벌었어요. 배를 탔죠. 거기서 이제 한 1년 하다가 선원 하나를 사귀었어요. 그 사람이 "돈 잘 버는 거 있다. 송전 철탑[37] 가자." 내 나이가 스물다섯인가? 그때 박정희 대통령이 죽고, 아마 그랬어요.

충청도 서해안 비인이라는 데 조력발전소[38]가 있었어요. 지금 이제 화력발전소로 바뀌었는데. 거기서부터 논산 은진 변전소까지 철탑 세우는 걸 했거든요. 그때 그 회사 이름이 코오롱 전기인가? 박정희 대통령 죽고 건설을 다 안 했는데 그 코오롱만 했어요. 코오롱하고 김종필 씨하고 사돈 간이라고 하던가? 그 바람에 인제 거기서 일해 갖고는 경력은 얼마 안 돼도 반장 경리를 봤죠. 바로 거기서 이제 내 이름을 조금 각인을 시켰죠. 한 1년 지나가니까 모르는 데서 전화가 왔어요. "군산 앞바다에 좀 와서 일해 달라." 군산 임해공단 들어가는 건데, 효성 전긴가? 효성이었던 것 같아. 근데 거기서 사람들이 일하다가 도망을 갔대요. 그걸 나더러 해달라고 하더라고.

거기는 이제 바닷가라 기초 작업을 했는데, 그때는 이제 기계가 드물고 수작업을 삽으로 하니까. 가 보니까 이 사람들이 한 것은 시늉만 한 건가, 아침부터 저녁까지 죽어라

37) 발전소에서 만든 전력을 멀리 있는 공장이나 일반 가정 등으로 수송하는 과정을 송전이라 한다. 이때 사용하는 송전선로를 지지하기 위한 탑이 송전탑이다. 고압의 전류가 흐르는 송전선로는 매우 두껍고 무겁기 때문에 철로 이루어진 탑을 만들어 설치해서 송전철탑으로 불리기도 한다. 고압전기가 주위 환경에 부정적인 영향을 줄 수 있어 송전탑 설치 및 이설은 사회적 문제를 야기하기도 한다.

38) 구술자는 충청남도 서천 비인면의 조력발전소가 현 서천화력발전소로 바뀌었다고 했지만, 국내 조력발전소는 경기도 안산시에 있는 시화호 조력발전소가 유일하다. 세계 최대 규모의 조력발전소인 시화호 조력발전소는 2004년 공사에 착수해 2011년 8월부터 일부 발전기에서 전력 생산에 들어갔다.

고 파놓으면 자고 나면은 다시 올라오는 게 뻘이라. 근데 나는 그게 이제 삽으로는 되지 않을 것 같고, 나는 이제 공법을, 나는 그런 일(기초 작업)을 안 해봤으니까 그 공법을 파일로 박으면 어떨까 했던 거죠. 일단 파일을 다섯 개 박고 원통작업을 했어요. 원통은 이제 세멘, 공구리로 탁 만드는 거지. 그런 다음 땅을 파면서 원통을 하나씩 하나씩 가라앉히면 다시 뻘이 안 올라오죠. 거기서 그걸 해 갖고 가선[39]까지 했죠.

그 당시에는 이 포크레인 장비가 드물었어요. 근데 군산 임해공단에 다른 회사가 있는데 거기는 포크레인이 있거든. 그래서 그 회사 경비실에 가서 경비실 아저씨한테 돈을 좀 드렸지. 야간에 도와달라고. 돈 좀 더 써서 포크레인 기사한테도 와서 해달라고 했더니 흔쾌히 해준다고 그러더라고. 그래서 포크레인을 후문 담 넘어 들여와서 작업을 끝냈어요. 그 바람에 거기서 성공을 했죠. 스물여섯 그 어린 나이에 오너가 됐죠. 이제 사람은 한 40~50명. 그래 갖고 그때서부터 이제 시작했죠.

"지금도 철탑 보면 뿌듯해요"

어떻게 우리가 그 일을 하냐면, 일단은 사람하고 자재가

---

39) 전력공급용 전선, 전기철도용 전선을 철탑·철구 등의 지지물에 적당한 높이로 설치하는 것을 일컫는다.

들어가야 일을 하니까 길부터 닦아요. 길을 닦는데 산이 높으면 헬기냐, 아니면 케이블식으로 올리냐 결정해야 해요. 끌고는 못 올라가요. 안 그러면 야산 같으면 길을 뚫어 가지고 이제 트럭이나 딸딸하게[40] 올라가죠. 경운기도 올라가게 만들고. 이제 헬기는, 헬기가 그 고정된 장소에서 떨어치면 괜찮은데, 떨어치다 보면 막 이리저리 터지고 난리죠. 그걸 줏으러 다니기도 힘들고. 이제 웬만하면 삭도[41]를 이용해요. 삭도가 뭐냐면 그 뭐지, 케이블. 그걸로 많이 하죠. 그것도 그렇고 가선, 선 늘일 적에. 그것은 길이 없는 데로 끌고 가야 돼요. 이제 또 지방에 계시는 분들은 지게로 와갖고 아예 한 바퀴씩 이어다 중간중간 떨궜지.

기반 조성을 하고 난 이후에 철탑일을 처음부터 끝까지 다 하신 거예요?

그렇죠. 조성을 다. 서스핀[42]하는 것까지, 마감까지.

설계, 측량하고 난 뒤에 이제 기초 작업에 들어가죠. 기초 작업하는 사람이 따로 있어요. 왜 그러냐 하면 거기는, 이제 조립하고 가선하고는 또 틀리거든요. 조립하는 사람은, 우리가 그걸 기초서부터 가선까지 다 해야죠, 우리는. 근데 이제

---

40) 작은 바퀴가 단단한 바닥을 구르며 흔들리는 소리가 잇따라 나다.

41) 공중에 로프를 가설하고 여기에 운반 기구(차량)를 걸어 동력 또는 운반 기구의 자체 무게를 이용하여 운전하는 것을 말한다.

42) SUS 핀 또는 평행핀. SUS 핀은 두 부품요소 구멍에 축 형태의 핀을 넣어 부품을 정렬하는 공구로, 여기에선 철탑 조립과 가선 작업 이후 마무리 작업을 총칭하는 것으로 읽는 것이 적절하다.

분야별로 나눠 주죠, 그건. 기초 하는 전문업자 데려다가 그 사람한테 맡기고. 또 조립하는 사람 조립 반장 해가지고 또 사람들도 하고. 가선은 또 가선대로. 근데 조립하는 사람이 가선까지 해요, 대부분.

이제 그게 송전 철탑은 다리가 네 개인데 산에서 쓰면은 높낮음이 있잖아요. 산이 비탈길이라. 근데 개각이 있기 때문에, 그 철탑은 거기서 가공을 하는 것이 아니라 제철소에서 가공을 해 오기 때문에, 미리 인쟈 그 놈을 번호대로 다 또 끼워 맞춰야 돼요. 그게 조립이에요. 그러기 때문에 기초가 그만큼 힘들면서도 기초 작업이 어찌 보면 좀 정리를 해 줘야죠. 왜 그러냐면 측량에서 0.03밀리만 틀려도 위에가 확 틀어져 버리니까. 볼트가 안 맞으니까. 그 사람들이 참 잘해 줘야 우리가 수월해져. 나는 이제 기초서부터 위에까지 다 했죠. 내가. 이 분야만 전문 지식 있는 사람들한테 이제 조금 단장으로 세워놓고 그렇게 했죠.

제일로 이제 기억이 남는 건 (강원도 태백시) 함백산. 젤로 우리나라에 바람 많이 부는데 함백산 정상고지에다가 시범용으로 철탑 6개 세울 적이. 그때는 여름이었어요. 여름에 갔는데 다람쥐가 떼지어 다닐 때였고. 숙소는 그 함백산 탄광, 탄광에 숙소를 정했지. 식당이 없어 가지고. 탄광 사람들하고 방은 따로따로 쓰지만 아침에 일어나면 시커매 가지고 (웃음). 새카매요. 그 사람들도 참, 그때가 제일 기억나요. 지금도 철탑이 있어요. 진짜 뿌듯해요. 한 번씩 차 타면 여행을 가고 싶을 때가 많아요. 고한으로 해가지고 무슨 절로 이렇게 쭉 올라가다 보면 정상까지 차로 올라갈 수는 있어요. 거기가 젤로 뿌듯하고. 지금도 동물이 많지만 그때는 짐승들도 많고 대부분은 우리가 거기에서 천막 쳐놓고 잠을 자죠. 높은 데. 이제 길을 낼 적에는 지그재그로. 트럭이 올라갈 적에는 한번 앞으로 올라갔다가 뒤로 올라갔다가. 짐을 싣고 한번에 뻐적 못 올라가니까, 경사가 져서. 그렇게 할 수밖에 없어요. 그렇지 않고 할려면 그 삭도, 케이블로 올라가야 하는데 케이블도 만만치 않아요.

힘들었죠. 그거는 모든 게, 이제 물도 없고 옹달샘, 샘에서 나오는 물로 밥 해먹고 그랬는데. 젤로 힘든 게 뭐냐면 이제 거기선 가선은 안 했어요. 시범 철탑이라 세워놓기만 하지. 그래도 이제 기초서부터 하는데 말하자면 땅 발파 작업을 해야 하는데, 발파를 못 하게 하는 거예요. 전부 암반이니까. 암반을 하는데 순전히 곡괭이로, 징으로, 함마드릴로 때려 부스야지 들어가는데 청석[43]이라 안 깨지지.

그래서 하던 끝에 나무를, 죽은 나무를 주워다가 산불 나면 안 되니까 처음부터 다 해놓고 불을 때놓죠. 나무를 이빠이 싸놓고 불을 때놓고 집에 가서 자고, 숙소에 가서 자고. 아침에 나와 보면 바위가 열 받아 갖고 툭툭 튀어버려. 그때 이제 돌을 깨는 거예요. 하루 종일 깨고 들어가야 한 20~30

43) 청색을 띠고 있으며 석질이 치밀하다.

센치쯤. 발파를 못 하니까, 다이너마이트를 사용 못 하니까. 우리 세대 때는 깡으로 다하고. 우리 선배들은 더 고생했고. 지금은 그렇게 일하라고 하면 다 도망가죠.

"이게 다 전기 쓰고 나라 좋은 일 하는 건데…"

공업단지라든지 신도시라든지 젤로 먼저 들어가는 게 전기, 그 담에 물. 그거 없으면 도시가 안 돼요. 근데 이제 오공육공[44] 때까지는 해먹을 만했어요. 주민들이 와서 못 하게 반대를 하잖아요. 우리가 전라도에서 태어나고 살다가 경상도에 와서 일을 하면 텃세를 하다가도 내가 가서 데모 때문에 일 못 하겄오 하면 그래도 내 편을 들어주고. 근데 지금은 그게 없어요. 지금은 할머니 할아버지들이 뭐 장비 속에 딱 들어가 있어. 내가 물어봐, 할머니 할아버지들한테. "할아버지, 왜 이러고 계셔?", "할머니, 할머니 전기 써요, 안 써요?" "쓰지." "이게 다 전기 쓰고 나라 좋은 일 한다고 고생한다고 그러는 건데 이러면 되겠어요?" 그럼 뭐라고 하냐면 할머니들이 "젊은 애들이 시키니께 하지" 그래요. 보상 받을라구.

그런 것도 보면은 참 힘들어요. 위에서는 예를 들어 기아자동차나 어디 공장에 들어간다 그래요. 몇 월 며칠 몇 시 몇

---

44) 제5공화국·제6공화국. 제5공화국은 1981년 3월 전두환의 제12대 대통령 취임에서 1988년 2월 노태우 대통령 취임 진까지, 제6공화국은 1988년 2월 25일 출범한 노태우 정부 이후를 말한다.

분까지 딱 전기를 넣어줘야 돼요. 안 넣어주면 그 후로는 회사가 빠지는 것을 다 변상해 줘야 돼요. 기아가 하루 만드는 자동차 개수가 천 대가 될지 이천 대가 될지, 그런데 그걸 어떻게, 그거 안 해서 전기 안 해주면 클나죠. 그거 때문에 전쟁이지 전쟁. 그 위에, 후라시 하나 들고 가서 그 위에서 일을 해야 돼요. 밤에 항상 산에 전기도 없는데.

웬만하면 주민들 피해가 안 가게끔 보상도 잘 해줘야겠지만 일하는 사람 생각에는 데모인지 그것 좀 안 했으면 좋겠지(웃음). 공중으로 올라가면, 물론 마을 위로는 안 올라가요. 대부분 산을 타고 가거든. 그러니까 지나가는 땅은 아무래도 안 좋죠. 농사를 짓긴 짓지만 땅값도 안 올라가고 가치가 떨어지죠. 그러고 전자파 전자파 그러는디, 잘 모르겠어, 왜 그러냐면 우리같이 뭐 하는 사람들은 전자파에 걸렸으면 다 죽지, 뭐.

"내가 다 마무리했는데 입을 싹 씻더라고"

철탑을 타다 떨어져서 그때가 10, 아니 5미터 정도 되나? 거기서 낙상을 했는데 그 물구덩이가 옆에 있었는데 물이 좀 괴어 있었어요. 그니까 그리 떨어져 갖고 살아났죠. 아마 그때 충격 때문이었는지, 허리는 좀 아프죠. 그러니까 당시에는 막 병원 가는 걸 겁나게 싫어했고, 회사에서도 그렇게 크게 권하질 않았어. 산재가 발생하면 자기들이 이제 손해를 본다고 해서. 그때 한 번 낙상했고.

사고도 목격했죠. 그때가 점심시간이었는데 논산에서 일했는데, 점심 먹으려고 애가 너무 빨리 내려오다가. 그 아시바볼트[45]. 여기 딛고 올라가는 거. 그 볼트를 하나씩 다 이렇게 끼웠어야 하는데 하나가 빠졌나 봐요. 막 내려오다가 하나가 없으니까, 헛다리 짚으면서 뒤로 넘어져 갖고 그냥 뚝 떨어졌죠, 민바닥. 그 세멘트에다 머리를 쩌갖고 죽었죠. 그때 한 번 목격해 갖고 대전경찰서인가? 거기 가 갖고. 이제 그때는… 소장이 자기는 이제 좀 피하고 있으려니 "네가 가서 총대를 짊어져라. 그러면 내가 돈 벌게 해주마" 해서 그거 다 달갑게 했죠, 뭐. 갔더니마는… 이제 뭐 고모랑 누나랑 그 엄마랑 와갖고 내 머리채를 잡고 흔들고 난리가 난 거죠. 그럴 수도 있겠죠, 뭐. 근데 그 후로 그걸 내가 가서 다 마무리했는데 딱 끝나니까 입을 싹 씻더라고, 회사 측에서. 내가 싹 총대를 짊어졌죠. 내 책임하에 있었으니까. 원래는 회사 측하고 해야 되는데. 근데 회사에서는 이제 보상도 해주고 그랬죠. 근데 모든 걸 그 가족분들, 보호자분하고 나하고 이제 상대를 했는데 너무나 막 머리를 뽑고 그러니까 그때 좀 안 좋더라고요. 그냥 산재처리 수준이 아니었고. 경찰서 가서 조서도 꾸미고, 내가. 이제 사고처리반, 회사에 있으니까 그 당시에 그 사람들이 가야 하는데. 가서 해주면 우리가 충

45) 스텝 볼트(Step Bolt). 작업자가 승강에 편리하도록 일정한 간격을 두고 전주에 설치하는 막대 모양의 금속제 발판이다.

분한 대가를 지급하겠다고 해서 했더니만 그 다음에 끝나고 오니까 아무것도 안 해주더라 이 말이요. 스물한 댓살 먹었을 때. 그 당시에는 법이 그랬어요.

위험하죠. 그때 김영삼이 대통령 때 사고가 많이 났잖아요. 큰 사고들이. 그래서 김대중 대통령 때 많이 그걸 해갖고 많이 좋아졌어요. 그때는 뭐 안전화도 막 주고 안전모자도 주고 안전벨트도 탁탁 줬어요. 지금 그게 없어요. 그 돈을 갖다 어디다 뭐 하는지는 모르겠는데. 그 보면은 큰 현장, 말하자면 우리나라 5대 기업이라든지 그런 데는 나올 거예요, 아마. 자잘한 데는 안 나오고 더, 안전장치도 더 않고 더 위험하게. 노무현 대통령까지는 괜찮았죠. 자꾸 안 좋아져요. 우리 후배들 말 들으면 속으로 개판이라고 그러더라고. 일단은 이제 사람부터 생각을 해야 하는데 큰 기업은 옛날서부터 기계를 더 생각을 했죠. 장비가 먼저라는. 사람은 제쳐놓고, 그전부터 그렇죠.

나도 다쳐 가지고 소송했는데. 거기서도 좀 보상을 해줘야 하는데, 안 해주고 회사 측에서 그러더라고 소송하라고. 그래서 소송을 해 가지고 북부지청이 있었는데, 여기 태릉에. 거기서 했더니만은 장애가 나왔죠. 근데 크게는 안 나왔어요. 그렇게 7급인가? 노동 상실력이 몇 프로 나오고. 그래 갖고 돈이 얼마 나갔죠, 그때. 일 못 했죠. 병원 생활을 거의 한 2~3년 했죠. 서른일곱 살 때 다쳐서. 이후로 내가 허리를 몇 번 다쳤어요. 그래도 또 일을 해야지, 어떻게 하겠어요? 나와서 또 일을 했죠. 철탑 하다가, 다시 또 이제 또 건축일 시작하면서 철근을 배웠죠.

"철철철 그러니까, 철근하셨냐고 그러더라고"

삼성(건설) 쪽으로 들어갔죠. 삼성 쪽으로 들어가 갖고 이제 거기서 거기서 예순 살까지는 했어요. 건설 쪽으로. 철탑하고는 다르죠. 내가 이제 철탑노동을 그만둔 것은, 애 엄마하고는 사실 별거를 했고. 아는 분이 이제 아팠어요. 아는 여자 한 분. 그 여자분이 시한부 생활을 했어요. 그 사람 치료에 매진하려고 철탑노동을 그만뒀죠. 병을 낫게 하려고 많이 노력했는데 근데 안 돼갖고… 갔죠. 그분을 내가 집에 있으면서 케어를 했어요. 그런데 그때 계속 놀면 안 될 거 같아가지고 좀 뭐라도 하려고 인력사무소를 찾아갔죠.

내가 뭐 여기 서울에 아무것도 잘 모르니까 인력사무소 가서 주민증을 내고 소장하고 얘기를 하는데 "무슨 일을 하셨습니까?" 묻길래 건설업은 모르니까 "철…철…철" 하고 있었어요. 내가 철탑이라고 하려다가 거기서 그냥 "철근 하셨어요?" 그래서 그냥 고개만 끄덕거렸더니 철근으로 인제 거기서 적고, 나는 집에 와갖고 이렇게 있는데 오후에 전화가 온 거예요, 그쪽에서. 사람이 필요하니까 "오전 작업 안 해도 오후 작업은 하루 일당을 준다니까, 나와라" 그래. 가보니까 나 혼자 나왔어요. 아무도 안 나오고. 그래서 압구정동

가라고 그러더라고요. 압구정동 가서 그쪽 단장을 만났더니 일을 해봤냐고 그래서 솔직히 일을 안 해봤다. 근데 일을 하는 걸 보더니 잘하니까. 인력사무소 나가면 거기서 수수료를 떼니까 "나하고 같이 합시다. 오세요, 내가 만 원을 더 드릴게요" 그러더라고. 그래서 이제 거기서부터 일이 시작됐죠. 그거 하다가 이제 바로 삼성 들어갔고 삼성에서 이제 계속 있었죠. 삼성이래도 그 하청업자가 있잖아요. 하청 소속으로 들어가서 거기서 계속 있었죠. 다른 사람은 55세가 커튼데 그래도 나는 예순 살까지 했죠. 경기도 전국체전 하는데, 그거 또 스카우트 돼 갖고 안양인가 안산인가 도로, 도로 정비 사업 하는 거. 그거 하면서 돈 좀 벌고. 그리고 여의도 순복음교회 도로공사 하는 거 뭐. 내가 이제 롯데월드. 안 올라간 건물 없어요. 큰 건물은.

"웬만하면 빵띠기를 안 줘야 돼"

그 노동일을 하다 보면 왜 그게 욕심을 부리냐면요. 낮에 막 그때는 12시간 해야 돼요. 지금 이제 법으로 8시간이니까. 10시간, 12시간 노동 해갖고 하루 일당 버는데, 야간작업하면 한 시간만 더 해도 한나절 값 주거든요. 3시간 일하면 하루치 주고. 지금은 그렇게 일하라고 하면 다 도망가죠. 건축 일을 해 보면 맨 중국 사람들. 이 한국 사람들이 억울한 것이 뭐냐면 이게 지하가 6~7층 되면은, 큰 건물은 한 6~7

층 되잖아요? 그럼 한국 사람은 지하에서만 일을 해. 근데 지하는 다 무거워. 철도 무겁고 뭐든지 다 무거워. 그거는 기초라 힘 받는 데는 다 중공업만 쓴단 말이에요. 딱 뚜껑, 말하자면 지상 4~5층 딱 덮으면 돈 버는데 이제 중국애들이 들어오는 거예요. 한국 사람 안 써요. 그럼 왜 중국애들은 지하를 안 쓰냐? 걔들은 안 해. 기술이 모자라기도 하고. 우리는 이제 고층 올라가면 돈을 벌거든요. 빵띠기[46]라고 일명 빵띠기, 세대별로 얼마에 딱 줘. 그럼 두 명이 가서 후다닥 끝나고 집에 일찍 가고 돈도 많이 벌고. 그런데 우리는 그걸 못 해, 그러니까 억울하죠(웃음). 다 그래요, 다. 중국애들, 지금 베트남 애들도 많이 하드라구요.

원래 웬만하면 빵띠기라는 걸 안 줘야 돼. 한 세대를 얼마에 해먹어라, 그럼 뭐 그 사람들이 철근만 달아놓고 내려가 버리는데. 빵띠기, 한 세대 30평짜리도 있고 10평짜리도 있고 막 다 틀리지만. 슬라브 하나에 몇 평짜리에 몇 명이 들어가서 해먹어라! 그럼 계산이 나오잖아. 그런 것이 없어져야죠. 더 빨리 하고 더 쉽게 하고 돈도 더 벌고 할려면 아무래도 부실공사를 할 수밖에 없는 거죠.

---

46) 일반적으로 건설노동의 물량 방식은 도급형태를 띤다. 발주처에서 원청, 하청으로 도급이 이뤄지는데 여기까지는 소위 정상이다. 그러나 하청↔시다우깨 혹은 부금이사↔실행소장↔팀장↔팀원(노동자)으로 하청에 재하청이 이루어진다. 이 부분은 비정상, 불법도급이다. 이러한 도급형태를 현장에선 '빵띠기'라 부른다. 아파트의 경우 한 세대 거푸집을 설치, 해체, 인양 이 모든 과정에 얼마, 이런 형태로 팀 단위 도급을 주고 있다. 출처: 2016년 7월 15일 전국건설노동조합, '건설노조 경기중서부건설지부 압수수색 규탄 성명서' 중에서 발췌 인용함. (https://www.kcwu.or.kr/statement/54735)

우리나라 감리들 보면 정년퇴직한 놈이 감리회사 들어가서 감리한다고 나오지. 한국은 감리에서부터 체질 개선을 해야 돼. 우리 때는 감리가 나오잖아요? 감리 술 퍼 멕이고 재워버려. 돈 쪼금 주고. 지금 국회의원들 뭐 털면 안 나오는 놈 있어? 우리 때 다 나오지. 우리 때 돈 안 주면 일이 되냐구. 한 회사, 한 현장 딱 주면 갤로퍼 하나씩 다 뽑아주고 그랬는데. 집에 들어간다고 하면 햅쌀 한 가마니 실어주고.

한국산 시멘트는 하루면 굳는다고, 예를 잡으면 중국산은 일주일을 가야 굳어요. 철근도 철근이지만 물기가 있으면 겨울에 춥고 얼잖아. 얼으면 그것을 빨리 올릴라면 밑에다가 불을 때야 안 얼고 굳히는데 그런 것도 않고 그냥 막 올라가면 얼었다 녹았다 양생이 안 되니까. 그런 현상이죠. 그게 이제 문제는 일하는 사람 책임이냐, 위에서 책임이냐. 근데 그것은 시공 날짜를 맞춰야 하니까. 우에서는 쪼고 일하는 사람은 따를 수밖에 없고, 지금은 우리 일하는 사람들끼리 한번씩 만나서 얘기하다 보면 안전불감증, 안전모도 안 쓰고. 옛날에 안전 젤로 잘 치던 시대가 김대중 대통령 때, 그때가 잘했어, 잘했어. 지금은 다시 위험스럽게 다 느슨해졌대요.

근데 이제 삼성 같은 데 가면 안전 위주로 많이 하죠. 문제는 하청에서 들어온 회사가. 하청은, 하청에 하청 같은 사람들이 또 하청에 또 맡으면 거기서 돈을 벌어먹으려면 부실공사 할 수밖에 없죠. 막 쫓기니까. 적자 나면 자기들이 이제 망하니까. 이제 우리가 지금 생각하기는 노동자 생각에는 하청을 없애야 한다, 중간에 하청을 없애야죠. 하청을 주더라도 한 단계만 줘야 되는데 그 하청에서 하청 주고, 그 하청에서 또 다 하청 주고, 또 하청 주고. 그러면 중간에 다 떼어먹고 밑바닥 사람은 위험하고. 항상 위험한 난간에서 일을 해야 하니까, 고공. 그렇지만 이제 자기네들이 직영으로 하는 건 진짜 안전하게 잘하거든요. 책임을 져야 되니까. 하청을 하면 책임을 서로 미루고, 그런 것이 문제죠. 이게 그 하청을 없애야 되지 않냐. 우리 노동자는 그렇게 생각하는데, 그게 뭐 정부가 그걸 강력히 해야 되는데 그게 안 되고. 그건 어쩔수 없죠, 노동자들이 힘이 있간디.

"고맙고 감사하지, 근데 그게 챙피해"

처음에 철근 일했던 그 압구정동 그 사람이, 내가 삼성을 끝내고 나왔다고 하니까 "내 일을 좀 해달라" 그래 갖고 육십하나에 여기 회룡역 주차 그거 끝냈어요. 그거 끝내고 아팠죠.

집안이 좀… 안 좋았죠. 가족하고 헤어지고, 아들하고도 헤어지고 하다 보니까. 병원 갈 적에도 보호자가 없으니까 친구한테 부탁했더니 오는 사람이 하나도 없더라고요. 아퍼 가지고 돈을 많이 써버리고 못 벌고, 병원 생활 해야 하니까. 일은 다른 사람이 한다고 하는데 다 적자 나죠. 근데 노임은 줘야 할 거 아닙니까? 그러니까 돈이란 게 다 나가버릴 수밖에 없지. 여기서 내가 돈이 없다 치료비가 없다 얘기하니까 사회복지과에서 나와 가지고, 그 당시 재산이 좀 있으니까 통장에 돈도 있고 차도 있고, 그러니까 안 된다고 그러더라구요. 어쩔 수 없었죠, 뭐. 그런데 이제 내가 궁색하고 사람 몰골이 아니게 생겼으니까 또 다른 분이 오셔서 "차를 파세요" 그러더라구. "왜 차를 팔으라고 하십니까? 내가 나으면 이걸 기동력으로 벌어먹으야지". 근데 뭐 병원비를 어떻게 할 수가 있어야지, 그래서 그냥 차를 일단 갖다 넘겨줘 버렸지. 100만 원도 못 받고 팔았지. 퇴원하고도 가서 검사하면 몇십만 원씩 나오니까 당장 일을 못 하니까. 그때만 해도 노임 달라고 자꾸 나를 찾아왔지, 장비대 달라고 왔지 그러니까. 노임을 떼먹을 수는 없잖아요. 그러고는 또 통장 거래내역서 있고 통장잔고가 좀 있으니까 안 된대. 그걸 또 이렇게 이렇게 하라고 해갖고 그때서부터 좀 혜택이 되더라구요. 근데 그게 챙피해.

내 자존심이 허락이 안 되는 거죠. 미치겠더라고 그게. 그래 가지고 일을 한 번 시도를 했죠, 내가. 나갔더니 뭐라고 하냐면, 일한 사장이 돈을 안 줘. 15일 지나도 안 주고 바로바로 준다던 사람이. 페인트칠하는, 나하고는 관계도 없는데, 한 달에 딴 사람은 인자 15~14만 원 준다는데 13만 원만 준대, 그래도 그거라도 나갔지. 그런데도 돈을 안 주는 거야. 한 달이 지나도 안 주고. "왜 돈을 안 주죠?" 내가 그랬더니 동사무소에 고발한다고. 내가 혜택 받는다고. 그래서 내가 동사무소에 가서 사실을 말했죠. 내가 이러이러해서 일 며칠 했는데 그 사람이 동사무소에 신고를 한다고 하더라 "그냥 받으세요. 주민등록번호 안 했으면 기록에 안 올라갈 거요, 아마" 받으시라고.[47] 그런데 이리저리 까가지고 주더라구. 그 뒤로 내가 일을 안 한다니까. 한 일주일인가 다녔다 가 안 다녀. 일을 좀 몸이 허락되면 혜택 안 받고 내 힘으로 버텨 볼려고 했는데. 근데 그게 안 됐지.

이것만으로도 고맙고 감사하지. 단지, 어차피 우린 인자 막다른 골목까지 왔는데 뭐 일어설 수도 없고, 나이 먹어서. 그러면 내가 할 수 있는 일을 하게끔 좀 해줬으면 좋겠는데, 한 달에 단 며칠만이라도 심부름이라도 해서 몇 푼 벌기라 도 하면 좋을 텐데. 나라에서 주는 돈 가지고 살기가 빡빡해 요. 세 주고 나면 한 40만 원 가지고 먹고 살라니까 환장하 겠어. 그러면 우리도 어디 가서 심부름이나 음식점 가서 숯 불이라도 피우고 그런 것도 좀 하겠고만 며칠씩만. 내 분야 에서도 와서 심부름만이라도 하라고 그래요. 하루에 돈 10 만 원씩이라도 벌면, 한 달에 일주일만이라도 하게끔 하면 70만 원이면 생활하기가 조금 날 텐데 그것이 젤… 그렇다

47) 기초생활수급자도 노동을 하고 소득을 발생시킬 수 있다. 이때 소득의 발생 여 부는 국민기초생활보장법상 지원하고 있는 7가지 급여에서 제한하는 기준 중위소 득의 선정 기준을 고려하여야 한다. 예컨대, 22년 현재 1인 가구의 기초생활수급자 가 생계급여를 받을 수 있는 조건은 기준 중위소득 30% 이하로 583,444원이며, 월 소득인정액이 이 소득액을 넘지 않는 선에서 노동에 따른 소득이 인정된다. 자세한 사항은 읍면동 주민자치센터를 통하거나 '빈곤사회연대' 상담 후 도움을 받을 수 있 다. 참조: 빈곤사회연대 http://antipoverty.kr/xe/ 연락처 : 02-778-4017

고 나라에서 주는 돈 가지고 유용하게 쓰면 좋지만 물가는 올라가니 턱없이 모자라죠. 모자라, 항상 껄떡껄떡거리지. 기초생활자라고 항상 이것만 타고 그러면 아무 발전이 없잖아요. 더 우울증만 빠지지.

집은 월세죠. 나가라고 하죠, 지금도. 월세가 30만 원. 왜 그러냐면 대부분 40~50만 원인데 기간이 4년으로 늘어났잖아요. 그래서 그걸 놓쳐 가지고 30만 원에 살고 있는 거예요. 그래서 끝나면 나가라 이거지. 그래서 임대 아파트를 신청했는데 안 되더라구요. 2년 남았는데, 4년으로 연장돼 가지고 살겠다 하고 사는 거지. 미리 얘기하더라구요. 끝나면 나가시라고. 그게 젤 문제죠 지금. 영구임대라도 하나 됐으면 하는 맘이 있는데, 안 되니까. 10번도 더 하는 할머니들도 있어요. 다 떨어져. 주거가 젤 큰 문제예요. 그리고 살았던 데서 살아야 좋은디.

"피곤해도 조금만 움직거리면 힘이 나요"

그전에 저쪽에 살다가 노인 양반들하고 알았는데, 노인 양반들 안 보이면 죽었다고 하고, 아파서 어디 요양원 갔다고 하고. 지금 사는 여자도 있는데 서로 인사는 하는데 전화번호는 몰라. 간호사도 오고, 최○○[48] 씨도 한 번 왔다 가고.

---

48) 중랑구청 사회복지팀 담당 공무원.

간호사하고 마라톤, 걷기 하는 거 사진 찍어서 보내고 하면서 뭐 깔고 하는 자리도 하나 갖다 주고. 4개 동에서 제가 1등 먹었대요.(웃음) 그래 가지고 뭐 상품이 나왔다고 월요일 날 오신다는데 나 운동하고 있어서 집에 없다고 했더니 토요일 날 찾으러 오래요. 최○○ 씨가 텃밭을 한 번 나더러 얘기하더라구요. 그래서 그 텃밭을 할머니 두 분하고 나하고. 할머니들은 뭐 다리 아프고 그러니까 안 나오시고 나만 나가서 열심히 지었죠. 동네에서 모임을 한다거나 그런 건 없고. 인제 뭐 산에 다니면 심심하지 않아요. 젤 좋죠. 가서 만나면 서로 웃고. 그리고 복지관에서 한 번씩 와서 보고. 복지관에 한 번 나가서 장구라던지 배우고 싶었는데 코로나 때문에 못 배우고.

복지관에서 온 아리아[49], 저 기계 하나 있어요. 내가 인제 쓰러지거나 위험하면 "아리아, 나 살려줘" 그러면 소방서에서 온대요. 저 기계 관리하는 사람이 일주일에 한 번씩 전화는 해줘요. 한 번씩 오기도 하고. 대학생인데, 알바생인가 봐요. 근데 내가 오지 말라고 하지. 오는 시간에 가서 공부하라고. "아리아—" 말하면 노래도 나오고 팝송도 나오고, "아리아, 나 살려줘" 그러면 소방서, 119로 전달. 말을 다 해요. 많이 아팠을 적부터 있었어요. 위급한 사람들만 해줬는가 봐요. 신내동 복지관 복지사가 방문을 해서 새로 싹 놔줬어요.

49) '아리아'는 중랑구가 코로나19 장기화로 대면 돌봄이 어려운 상황에서 복지 사각지대 해소를 위해 도입한 인공지능 스피커와 사물인터넷(IoT) 기기이다.

한 3년 됐나. 노래도 나오고 별거 다 나와요. 근디 작년에 저것을 없앤다고 그러더라구요. 그래서 다시 놓는다고 녹음을 하라고 하더라구요. 이거 잘 활용하고 있는데 왜 이걸 없애냐, 그래서 다시 안 없애고 있는가 봐요. 난 저게 좋아요. 나갈 때도 운동 갔다 올게 하면, 그냥 사람이 말하듯이 해주니까. 대화는 안 되는데, 뭐 물어볼 적에 그런 것도 한 번씩 하면. 근데 일관된 대답이지 뭐, 그래도 위안이 뭐냐면 내가 쓰러질 적에 그때는 유용하게 쓰겠더라구. 전화를 잘해줘요, 알바생이. 복지관에서 알바생이 하기 전에는 어떤 아주머니 한 분이 하셨어요. 사람이 자주 바뀌더라구요.

하루에 보통 5시나 5시 반 사이에 일어나요. 우유 바나나 먹고, 자전차 타고 의정부 가서 운동하고 오고. 어제는 거기서 여자친구하고 점심 먹었죠. 점심 김치찌개 먹고, 그러고 감자 쪄온 거, 계란, 옥수수, 막걸리 이것저것 먹고. 운동하고 먹고 산에 가서 먹고, 자전차 타고 오고. 산에 갔다 와서 먹고 걷고 끝나고, 또 끝나고 자전차 타고 오죠. 어제는 자전차 타고 오는데 킬로수가 안 나왔어요. 주머니에다가 넣었어야 했는데 자전차에 실어놨더니 32킬로밖에 안 나왔더라구. 비 오는 날은 여기에서 하고, 비 안 오는 날은 저쪽 한강 쪽으로 내려갔다 오고. 저녁에는 8시에 의정부에 또 가죠. 여기서 7시에 출발하면 의정부에 가면 8시. 저기 양주까지 가면 좀 더 걸리죠. 절대 안 누워요. 집에 있어도 뭐를 자꾸 왔다갔다, 누워 있지를 못해요. 피곤하다가도 나가서 움직거리

면 안 피곤해요. 누워 있으면 처지죠, 사람이. 피곤해도 조금
만 움직거리면 힘이 나죠.

이서종 님을 만나고

박성희

　이서종 님이 들려준 생애는 몸의 내력이기도 하다. 빈농의 자식으로 태어나 가진 것 없고 배운 것 없는 사람에게 자산이라곤 자기 몸 하나뿐이다. 그 몸 하나로 집을 튀어나온 열일곱부터 아프기 직전인 예순하나까지, 45년간 육체노동으로 돈을 벌었다. 고기잡이배에 오르고, 전국 각지에 철탑을 쌓고, 지금도 이름만 대면 알 만한 건물을 올렸다. 일찍 돌아가신 아버지 대신 누나와 여동생 넷을 "여워 주고 아파트라도 한 채씩 다 해"줄 수 있었던 것도 부지런히 몸 움직여 일했기 때문이다.

　그 시대 산업역군이 그랬듯 어르신에게도 노동은 곧 자신이다. 쌓아 올린 철탑과 건물은 자긍심의 원천이다. 그래서 노동 관련 구술은 엊그제 공사를 마친 것처럼 상세하고 생동감 있게 묘사하면서도, 자기를 긍정할 수 있는 노동에 흠집이 갈 만한 질문엔 방어적인 태도를 보인다. 바로 정정하기는 했지만 일하면서 다친 적 있냐는 청자의 물음에 "일단 다친 곳은 나는 없"다고 대답하거나 이름 모를 병과 철탑노동을 연관 짓지 않으려는 점이 그렇다.

그럼에도 나는 이서종 님의 생애가 전형적이지 않아서 더 좋았다. '젊은 시절 몸뚱아리 하나 믿고 일했는데, 노년에 남은 거라곤 망가진 몸뿐'이라는 이야기는 사람 귀한 줄 모르는 이 사회에 희망은 없다는 걸 재확인하는 것 같아서 서글프다. 어르신은 저승사자가 자신을 돌려보낸 꿈을 꾼 뒤로 죽을 고비를 넘겼다고 했지만, 건강을 회복할 수 있었던 건 온전히 그의 의지와 노력 덕분이다. 얼마 못 산다는 의사의 말에 자살을 생각했던 사람이 "죽든지 살든지 하려면 움직여야 하지 않는가" 생각을 바꾸곤 계속 걸으며 건강을 되찾는다. "덤으로 살아서 고맙고 감사하게 지내고 있"다면서 "웬만하면 나무 뿌리도 안 밟으려고 개미도 안 밟으려고" 한다는 어르신의 말을 옮겨 적으며 한 가닥 희망을 본다.

이희랑

젊은 시절 이서종 님은 송전탑을 세우고 건물을 지어 올리고, 평생 '철'을 만지며 대한민국 방방곡곡을 높게 세우고 다녔다. 구조물 하나 세울 수 없는 해안의 뻘에도 철탑을 세우고, 오로지 사람 몸뚱이로만 길을 낼 수 있는 무성한 산꼭대기에도 철탑을 세웠다. 한때는 잘나가는 하청업체의 '오너'였고 개성공단에 진출하려는 포부도 있었다. 하지만 육십이 넘어 '날벼락'처럼 희귀병이 찾아왔고 지금은 가난한 노인이 되었다.

그리스 신화에는 프로메테우스라는 영웅이 있다. 인간에게 불을 훔쳐다 줌으로써 '문명'을 만들 수 있게 한 영웅이지만, 그로 인하여 제우스의 노여움을 사서 바위에 묶여 독수리에게 간을 쪼이는 고통을 받았다는 신화 속의 인물이다. 나는 이서종 님이 프로메테우스와 겹쳐 보였다. 국가의 주도 아래 공업화근대화로 브레이크도 없이 내달리던 그 시절, 이서종 님은 '값싼 노동력'으로 가장 험한 곳에서 국가의 성장 엔진이 되었다. 우리는 성장주의 깃발 아래에서 전기의 대량생산과 소비에 익숙해졌고, 이제 전기가 없는 세상은 상상할 수가 없게 되었다. 전선줄은 거미줄처럼 연결되어 대도시의 불은 꺼지지 않고, 특근에 야근에 공장 컨베이어벨트가 계속 돌아갈 수 있었으니 "할머니, 불 써요 안 써요?" 얼마나 자부심이 가득한 한마디일까. 그는 자신의 인생에 대해 후회의 회고가 있지만, 여전히 철탑노동에 대해서는 후회하지 않는다. 철탑에 대한 자부심은 여전히 이서종 님을 지탱하는 큰 힘이다.

1960년대~1990년대를 경유해 한국사회의 산업화를 이끌어낸 수많은 노동자들이 세상에 불을 건네준 프로메테우스인지도 모르겠다. 한국사회를 만들었지만 98년 외환위기 당시, 제일 먼저 버려진 것은 그 한국사회를 만들어 온 노동자들이었다. 이서종 님 역시 외환위기와 함께 가세가 기울었다. 어려서는 동생을 업어 키우고 결혼 후 가족을 부양하고, 철탑노동을 하며 만난 혼외관계 여인의 병시중까지. 평생을 쉼 없이 노동하고 돌보는 일을 해 오셨지만, 정작 본인이 아파서 '돌봄'이 필요할 때는 주위에 남은 사람이 없었다.

항상 성실하고 책임감이 강해서 가는 곳마다 좋은 일꾼으로 인정받아 오신 이서종 님. 철탑 세우자고 산을 탄 것 말고는 운동이라곤 해본 적이 없었던 그는 이제 자신을 살리기 위해서 등산을 하고 걷고 또 걷는다. 인기도 많아 지금 그의 곁엔 여자친구도 있다. 동네를 걷다 보면 공사 현장이 눈에 들어와 "아 저건 이렇게 해야 하는데, 왜 저렇게 하고 있나…" 이런 혼잣말을 하시기도 한다고. 나는 이서종 님이 '마을관리소'에서 '우리 동네 건설감리'가 되어 동네에서 사부작사부작 여생을 사는 모습을 상상했다. 마을이, 동네가 평생 노동으로 지친 그의 육신이 쉴 수 있는 곳이 되면 좋겠다. 국가의 지원을 부끄럽게 생각하지 않으시고, 이웃에게 더 응원받고 지지받으면서 편안한 삶을 사시면 좋겠다.

알아두기

알아두기

경로식당

식사가 어려운 저소득 노인에게 식사를 제공한다. 현재 중
랑구는 경로식당 11곳을 운영하고 있다. 경로식당은 40인 이
상이 이용할 수 있는 곳에 설치되며 1인당 4천 원의 식비, 영
양사 1인, 시급 조리사 인건비가 제공된다. 주 6일 이뤄지며
토요일엔 도시락을 지원한다. 2022년 종합사회복지관 8곳,
나눔의집, 사랑의집, 교회 등에서 약 1,160명에게 식사를 제
공하고 있으며, 밑반찬 배달은 주 2회 7개 복지관에서 노인
일자리 사업으로 진행된다.

국민기초생활보장제도

1999년에 제정된 질병·장애·실직·재난 등 경제적으로 어려
운 상황에 처한 사람에게 최저생활을 보장하는 사회보장제
도. 기초생활보장에는 생계급여, 의료급여, 주거급여, 교육
급여가 있다. 각각 소득이 중위소득 대비 30%, 40%, 45%,
50% 이하일 경우 받을 수 있다. 교육급여는 2015년에, 주거
급여는 2018년에, 생계급여는 2021년 10월부터 부양의무자
기준이 폐지되었다. 기초생활수급자 부양의무자는 수급권자

를 부양할 책임이 있는 사람으로 수급권자의 1촌 직계혈족 및 그 배우자를 말한다. 부양의무제 폐지는 부양의 의무를 가족에서 국가와 사회로 이동함을 의미한다. 2022년 기준으로 중위소득 30% 기준금액은 1인 가구 583,444원이다.

노인맞춤돌봄서비스

기존의 노인돌봄 서비스를 통합하여 2020년부터 운영되고 있다. 돌봄이 필요한 고령·독거노인에게 건강한 노화, 지역사회 거주, 장기요양·요양병원 등 고비용 돌봄 진입예방을 위한 예방적 돌봄을 목표로 하고 있다. 중랑구는 4개 기관(신내노인종합복지관, 중랑노인종합복지관, 면목종합사회복지관, 여명재가노인지원센터)의 생활지원사를 통해 약 2천 명의 노인에게 주 1회 방문, 2회 안부전화 등 안전지원과 자원연계 서비스 등을 하고 있다.

노인 일자리

행정에서 제공하는 노인 일자리는 공익활동과 사회서비스형, 시장형이 있다. 2022년 기준 중랑구에는 2,238명에게 30여 개의 일자리가 제공되고 있다. 대한노인회 중랑구지회에서 운영하는 130여 개 경로당에 중식도우미와 청소도우미 등을 비롯해 복지관에서 지원하는 초등학교 급식도우미, 노노케어, 청소, 복지시설 및 공공시설 봉사 등의 일자리가 있다.

돌봄SOS센터

서울시가 2019년부터 시작하여 2020년 8월 3일 25개 자치구로 확대한 복지·통합서비스다. 질병·사고로 긴급하게 가사 간병이 필요한 경우부터 병원방문 동행, 형광등 교체 같은 일상적 도움이 필요한 시민에게 제공되고 있다. 5대 돌봄서비스(일시재가, 단기시설, 동행지원, 주거편의, 식사지원)와 5대 중장기 돌봄연계(안부확인, 건강지원, 돌봄제도, 사례관리, 긴급지원) 등의 10가지 서비스가 있다.

장애연금

국민연금 가입자가 가입 중에 발생한 질병 또는 부상으로 장애가 남았을 때 1~4급의 장애 상태에 따라 지급하는 연금이다. 1988년 장애인복지법에 따라 등록되어 있는 18세 이상의 중증장애인에게 본인과 배우자의 월 소득 정액이 선정기준 이하의 경우 기초급여액 월 30만 원으로 책정되어 있으나 차상위나 소득에 따라 차이가 있다.

* 장애연금과 장애인연금은 다르다. 장애연금은 국민연금 가입자가 받는 연금이고 장애인연금은 기초생활수급자와 차상위계층이 도움을 받는 제도이다.

장애인연금

구분		65세 미만	65세 이상
기초급여		최대 300,000원	-
부가급여	기초생활보장수급자	8만원	380,000원
	보장시설수급자	0	0
	차상위계층	7만원	7만원
	차상위초과(일반)	2만원	4만원

장애수당

구분		기초생계급여 수급자, 기초의료급여 수급자	기초주거급여, 기초교육급여, 차상위계층	보장시설 수급자
만18세미만	중증	월 20만원	월 15만원	월 7만원
	경증	월 10만원	월 10만원	월 2만원
만18세이상 경증		월 4만원	월 4만원	월 2만원